人と組織を活性化させる人材マネジメント施策

タレントマネジメント概論

Strategy of
Talent Management

株式会社アクティブ アンド カンパニー
代表取締役社長 兼 CEO
大野順也

タレントマネジメント概論

目次

Chapter-1

変化を勝ち抜くための
タレントマネジメント 9

1. あなたの会社の「タレント」は眠っている 10

従業員の「タレント」を本当に知っているか 10
勝つ企業は、従業員のタレントを知り、使い、育成し続けている 19
従業員の「タレント」を活用できれば…… 30

2. HRM、HC、そしてタレントマネジメント
世界はいかにタレントマネジメントに行き着いたか 42

アメリカで始まったタレントマネジメント 42
PMからHRMへ、ヒトという資源が前面に 44
HCで人材は人財に、そしてタレントマネジメントへ 48
人材の「タレント」に着眼したマネジメントが不可欠に 51
欧米では人材流出を食い止めるための切実な事情も 54

3. 日本には日本独自のタレントマネジメントが
求められている 57

日本にある独自の事情 57
人口構造が変化、労働人口が減少 60
サービス産業の隆盛 63
情報産業・IT化の急伸 65
グローバル競争 73
ダイバーシティ、ワーク・ライフ・バランス、
　トータル・リワードが浸透 79
労働価値、就業価値の変化 83

4. まだまだ浸透が浅い日本企業　91

　欧米にはあった個への認識、10年遅れて日本に　91
　タレントがわかりやすいIT業界では浸透　92
　大手は自社開発ツールとERPシステムですでに導入を開始　93
　形ばかりのシステム導入によって問題が生じることも　94
　中堅企業こそ使いこなしたいタレントマネジメント　96
　人事はルーチンから抜け出し「戦略的人事」を　97

Chapter-2

タレントマネジメント実践編　101

1. タレントマネジメントの全体像　102

　タレントマネジメントが求められている背景の整理　102
　タレントマネジメント実践の4つのフェーズ　106

2. 設計　112

　「設計」の全体像　112
　タレントに関する情報を社内から収集、一元管理する　118

3. 活用・開発　127

　個人と組織の間で生まれる4つのタレントの状態　127
　・【事例】医療業界における事例　140
　・【事例】サイバーエージェント社の「ジギョつく」と
　　　　　「CAJJプログラム」　149
　・【事例】撤退基準を定めた「CAJJプログラム」　151
　・【事例】トリンプ・インターナショナル
　　　　　──挑戦を促し、失敗を許容する撤退基準　153

・【事例】失敗を大胆に表彰する太陽パーツ社　154

4. 運用と役割
各部署の仕事はどれほど変わるのか　158

管理職は、タレントマネジャーへ　158
大きく変わる人事の仕事　162
従業員個人にも問われる責任と姿勢　180
経営層は、挑戦できる文化・風土の醸成を　184

Chapter-3

真の競争力と
エンゲージメントのある組織へ　193

1. 個を活かして飛躍する企業　194

幅広い人材から新規プロジェクトの立ち上げを
　　──A社の事例　194
異動にタレントマネジメントで合理性を──B社の事例　202
グループで実現した「人材の最適配置」
　　──C社グループの事例　208
ひとりひとりの営業経験を全社的に活かす──X社の事例　214

2. PDSサイクルを回せ　222

タレントマネジメントの動力となるふたつのPDSサイクル　222
「人事と現場」の両輪を回し続ける　225
会社自身のライフサイクルにも意識を　227
組織変革の方程式──個人と環境へのアプローチ　233

3. 経営と従業員の良好な関係
エンゲージメントの実現を　249

- タレントマネジメントが会社と個人に大きな変化をもたらす　249
- 会社と従業員は対等な関係を　253
- 行き着く先がエンゲージメントの高い組織　258

あとがき　264

AACサービスマップ　268

Chapter-1

変化を勝ち抜くための
タレントマネジメント

1.

あなたの会社の「タレント」は眠っている

従業員の「タレント」を本当に知っているか

○「仕事が先、人は後」の限界

あなたの会社では、従業員の「タレント」を意識して人材育成を行ったり、また従業員の「タレント」を活かして、仕事や事業を推進することはできているだろうか？

「タレント」とは、従業員個々人が持っている能力や実績、経験、さらに、将来に持ち得る能力(また潜在能力)のことを指す。多くの企業では、このようなひとりひとりのタレントを活かすマネジメントにまで、手が届いていないのが現状ではないだろうか？

採用時における人材の選考は、当然、現在の仕事や事業を推進できる人材かどうかで行われ、人材育成は現在の仕事や事業の推進を補完するために行われる。

例えば、新入社員を迎えた後に研修を用意している会社は多いだろう。また、すでにいる従業員向けにも、能力開発のために多くの研修や教育プログラムを企画している会社も少なくない。どの職場でも共通して求められるマナー教育等は除いて、

研修や教育プログラムの多くは、いま、目の前のやるべき仕事を滞りなく遂行できるよう、具体的な業務スキルを磨くためのものが多いのではないだろうか。

　評価制度、報酬制度等、人事にかかわる制度についても、目の前にある仕事をこなすことを前提につくられている場合がほとんどであろう。あるべき業務の姿が先にあり、それに対して成果が上がったか否か、それに応じて賃金や賞与の額が決まり、また次の配属先や役職が決まる。研修や教育プログラム、あるいは評価も、配置も、これまでの人事のあり方は、「仕事が先、人は後」なのである。

　やるべき仕事がまずあり、それをこなす人材が求められる「仕事が先、人は後」は、これからも続くだろう。だが、一方、それだけではすまない事態が起こり始めている。次のような事例を読者はどのように感じるだろうか。

○A君のタレントに気づかない1フロア上の部署

　入社まもないA君は、配属された営業部で心身共に鍛えられる毎日を過ごしている。

　大学では経営学を学んだ。几帳面な性格に合っていたのか、中でも会計が得意だった。細かな計算も苦にならず、むしろ収支がピッタリと合った時の気分は爽快だった。会計は自分に向いているのではと思い、学生時代から公認会計士の資格取得のための勉強も始めた。もちろん簡単にとれるわけではなく、勉強は就職活動で中断せざるを得なくなったが、会社員として働き始めたいまも細々と続けている。

しかし、所属する営業部では、公認会計士の勉強をしているなどととても言える雰囲気ではなかった。

　自分は入ったばかりでまだ半人前。上司や先輩たちが仕事に追われ、何とか補佐しようとしているのだが、ミスが多く迷惑をかけっぱなしだった。そのような中、仕事とは直接の関係がない勉強をしていますなどとはとても口に出せなかった。

　そのうち、A君は先輩社員に同行して取引先を回ることになった。それだけでくたくたになる。それに加えて納品ミスに伴うクレーム等、毎日毎日、思いもしなかったような事態が営業部では勃発する。コツコツと石橋を叩いて渡る性格のA君にとっては、命綱もつけずに崖っぷちを歩かされているような気分だった。

　気持ちは萎縮せざるを得ない。そして、営業という仕事がまるで異質な世界に見え始め、自分に向いていないのではないかと思い始めた。最初は時折、脳裏をかすめるだけだったが、ひとたび仕事で壁にぶつかると、やはり公認会計士の資格を本気で取るべきではないだろうかという考えが頭をもたげてくる。やがて仕事に身が入らなくなっていった。

　会社に隠れるように公認会計士の資格取得を進めていたA君だったが、A君のすぐそばでは全く別の状況が進みつつあった。それは、営業部の1フロア上の経理部で起こっていた。1年後の上場に向けて、経理部はその準備におおわらわだった。

　上場準備に伴い、組織は大きく変わろうとしていた。いくつかあるグループ会社を統括するホールディング会社が新たに設立され、グループ内で重複する業務が整理されようとしていた。

経理業務もそのひとつだった。グループ各社に経理の機能は残されるが、各社の経理の仕事は毎日の処理に限られ、グループ全体の財務経理機能はホールディング会社で担うことになる。

グループとして連結決算もしなければならず、その作業自体が格段に複雑になることに加え、株主に向けての開示資料の作成というこれまでにはなかった仕事が加わる。開示資料は、内部向けの資料をつくっているのとは全く違う。

これまでは社内のお金の処理を淡々と行っていれば良かった。月度や四半期の定期的な締めの間際は忙しかったが、それもまた長い目で見れば同じ仕事の繰り返しだった。

だが、これからは、そうはいかなくなる。忙しさが増しただけでなく、未知の仕事をこなさなければならない。どうしてもその道の専門家が必要だった。いまでも難しい経理の実務や監査については、外部の公認会計事務所に助けてもらっているが、どうしても社内にそれなりの知識を持つ人材が必要だった。

新たに公認会計士の資格を持つ人材を雇うべきだろうか。ヘッドハンティング会社に依頼してもそれなりのお金がかかる。実際に公認会計士の資格を持つ人を雇うことになれば、賃金や処遇についてもそれ相応の話し合いが必要だろう。人をひとり雇うだけでも一大事である。

そもそも本当にそのような人材が必要なのだろうか。外部の公認会計士事務所とはこれからも付き合いは続けていく。そことうまくコミュニケーションできる人材がいれば良いのではないだろうか。必ずしも資格がいるわけではない。上場に伴いこれから膨大な業務が待ち受けている。例えば、それらを機敏に

こなすフットワークと体力を併せ持つ人材。そして会社の仕事の流れがある程度わかっていて、なおかつ、公認会計士の資格を目指して勉強中の若い従業員がいてくれれば……。

だが、経理部にはそのような人材を社内から探す術はなかった。結局、かなりの費用をかけて公認会計士の資格を持つ人材をヘッドハンティングすることにした。

そして、すぐ下の階の営業部では、自分は営業の仕事が向かないと判断したAさんが、退社を決意していた。経理部もAさんも、お互いに求め、求められていることなど全く気がつくことなく……。

これはAさんに限ったことではない。イギリスへの留学経験があり、イギリスの語学検定の資格を持ちながら、会社ではTOEICの点数でしか評価されないため、語学とは何の関係もない仕事に就いているBさんがいるかもしれない。スマートフォンのアプリケーション開発に長けていながら、システムに強いという理由で、総務で社内のパソコンのメンテナンスを担当しているCさんがいるかもしれない。

その人の持つ能力・技術・経験・実績が、タレントである。

同じ会社の中に、あるタレントを持つ人がいて、それを発揮できる場もある。どちらも揃っているのに、人と各部署とを結ぶ線がないゆえに、また、それらを把握する術がないゆえに、活かし切れずにいる。そして結局、人は会社を去ってしまう。

もし、各人のタレントを把握し、それらのタレントに着目し

たマネジメントができていれば、より生産性の高い組織活動が実現できるはずである。

○タレントマネジメントでミスマッチは防げる

A君の話は私の創作だが、どのような組織で働いていても、ひとつやふたつ同じような事例はあるのではないだろうか。

「人材の最適化」「人材のポートフォリオ」(人材のタイプ——職種や専門分野、技術——等を分類して、その配置を計画的に行うこと)という言葉は以前から使われ、企業の人事部門にとっては大きな課題になってきた。だが、現実には前述のような例はまだまだ多い。

A君のような残念な行き違いを防ぐには、従業員のタレントをあらかじめ把握し、それをすぐさま見つけ、最適化できる仕組みがいる。ならば、専用のシステムを導入すれば良いではないかと、誰もが思うに違いない。

確かに、いま現在、タレントマネジメントのシステムは、専業のベンダーをはじめ、ERPシステムを提供している企業まで目白押しだ。特にアメリカで盛んに導入され、いまでは日本でも大手企業を中心に導入が進んでいる。

高価なシステムを導入すれば、人事部門の担当者にとってはひと仕事を終えたような気になるのかもしれない。だが、それでタレントマネジメントが可能になるわけではない。システムを入れただけでホッとして何もしなければ、宝の持ち腐れになるだけでなく、タレントマネジメントの浸透そのものをかえって阻むことにもなる。

システムはタレントマネジメントを実現する上での一部のソリューションにしかすぎない。システムに頼りすぎたり、システム導入だけが先行すればかえって弊害も生み出してしまうことについては、追って述べたいと思う。

　A君の話に戻れば、タレントマネジメントを推進すれば、このような悲劇は少なくなるであろう。だが、ミスマッチの解消は、タレントマネジメントがもたらす効果の一部でしかない。使われていなかったタレントを活用するという、いわばマイナスだった状態をゼロに戻すという話でしかないからだ。

　タレントマネジメントを推進していけば、会社の経営にとって、想像もつかないような恩恵がもたらされる。

　もう少し、タレントのマネジメントを行うということはどういうことなのかを見ていくことにしよう。

○飲食業界で見たタレントの活用

　これは最近、私が実際にコンサルタントとしてかかわった飲食チェーンの話である。

　西日本に本社を置くこのチェーンは、レストランをはじめ飲食店等を数百店舗展開している。

　ある日、社長が「ふぐ業態」を始めたいと言い出した。そして、ふぐの取扱免許を持つ人材を社内から探し出せと人事部に命じた。この命令を受けて人事部の担当者は青ざめた。

　チェーン全体で働く人材はパートやアルバイトも含めると全部で5千人ほどになる。飲食業で働いている以上、調理師の免許を持つ人材はかなりの数に上るに違いない。そして、その中

にはふぐの取扱免許を持っている人材もいるだろう。

　チェーン全体から人材を探せ、いるはずだ、という社長の指摘はもっともだった。だが、実際にはどうすれば良いのか。5千人分の履歴書を1枚1枚めくるしかないのだろうか。それだけでもたいへんな作業だが、それで見つかるのかどうか、大いに疑問だった。

　パートやアルバイトの採用は、現場、つまり、各店に任されている。履歴書は必ず本社に送ることになっているが、果たしてそれが守られているだろうか。パート、アルバイトの出入りは激しい。働き始めていても、履歴書がまだ本社に届いていないケースも少なくない。逆も考えられる。すでに辞めているのに、その情報が本社まで届いていないこともあり得る。

　現在、人事部の棚に収まっている履歴書の分厚いファイルの情報をどこまで信用できるのか。1枚1枚履歴書をめくってみたところで、まだ届いていない人材については知りようもない。また見つけたと思っても、その人材はすでに辞めていれば作業は無駄になる。無駄になるかもしれない膨大な作業を前に、人事部の担当者はため息をつくしかなかった。だが、社長の命令である以上、やらなければならない。

○社内のリソースをもとに次期の戦略を立てる

　私は、こうした人事部の担当者には深く同情するのだが、社長の発想には感心する。

　ひとつは新しい事業について常に考え続けている姿勢である。

　人は生きている以上、必ずものを食べる。ある意味、飲食業

は安定した一面があるのだが、反面、人々の好みはめまぐるしく変わり、流行の移り変わりは激しい。いま現在、受け入れられていたとしても、翌日も同じとは限らない。

　現実にいまこのチェーンが展開しているレストランでも、絶えず新しいメニューを投入して、顧客にとって常に新鮮さを失わない努力を続けてきている。

　「ふぐ業態」はワンマン社長のただの気まぐれでは決してない。社長は、長年の経験からおそらくマーケットの変化を読み取り、それを事業として形に変えようとしているのである。

　顧客が求めていることを先取りして新業態を立ち上げる。現在の成功に安住することなく、次の戦略を立て続ける。その姿勢に私は頭が下がらざるを得ない。

　もうひとつ私が感心したのは、自社チェーンで働く人たちのタレントに注目していることである。タレントとは、人材の持つ才能や技術・経験・業績・資格のことを指す。それらと業態の展開を結びつけて考えているのである。

　そのようなことは飲食業では当たり前のことではないかと言うかもしれない。確かに飲食業では調理する人がいて成り立ち、調理人の腕や技術がものを言う世界だ。だが、広く世の中を見渡せば、人の才能によらない業界も多数ある。というよりは、後述するように、日本の産業の歴史を見れば、むしろ誰がやっても同じような結果を得られるように、どのような業界でも標準化を進めてきたのではないだろうか。

　飲食業には、ある老舗が、あるいは三つ星のレストランが、腕の良い調理人の存在で成り立っているケースがある。しかし

一方では、全国に数多くの店を出し、どこで食べても同じ味の料理になるようにチェーン化、言い換えれば、標準化してきた会社も数多くある。このチェーン化や標準化が日本の飲食業を産業として牽引してきたと言っても良いのではないだろうか。

チェーン展開する飲食業では、各店でどのようなメニューを出すか、どう調理するかは本社で決める。各店ではその手順を厳密に守ることが重視される。調理の過程の大部分を工場で作り、店では温めて盛りつけるだけ、という会社も少なくない。指示された通りのものをいかに短時間で作り上げるか。それが、店舗で働く人たちの役割であり、個々人が持つ技術が入り込む余地はない。

そこまで工業化し、大量生産体制をとってきた飲食チェーンにおいて、それでも個々人のタレントに注目していることに、改めて私はハッとしたわけだ。

堅苦しい言い方をすれば、社長は、社内のリソースのひとつである人のタレントを、次期戦略を進める上で重要なファクターとして考え、活かそうとしているのである。

勝つ企業は、従業員のタレントを知り、使い、育成し続けている

○競争激化で行き着くところまで行ってしまった業界

従業員のタレントを核にして新規業態を模索する企業は決して多くはない。実現したくとも、これまではできなかったというのが実情だろう。

しかし、いまは、IT技術の発達や進化に伴い、実現の可能性が出てきている。
　コールセンターを例にとってみよう。
　どんな問い合わせにも完璧に答えられるよう、コールセンターでは答え方のルールを決め、話し方や対応の仕方の教育を行う。そして、問い合わせがある度にその内容を記録して、データベース化する。そして再び同じ問い合わせがあれば、データベースから呼び出し、即座に答えられるようにする。
　マニュアルができ、データベースの内容が充実していけば仕事の質は上がっていく。そうなると次は、コールセンターをいかに安く効率的に運営するかが課題となる。コールセンターは都心から人件費の安い地方へ向かい、競合他社もそれに倣った。業界の激しい競争の結果、海外へ出ていった例も少なくない。
　その結果、電話をかけると、言葉も満足に通じないオペレーターが出てくるようなセンターも現れた。このように無理に無理を重ねた結果、顧客満足からはほど遠いサービスが蔓延することになってしまった例は少なくない。
　競争のあげく、業界全体が行き着くところまで行き着いてしまい、戻るに戻れなくなっている。いつの間にか、身動きのできない状態にはまりこんでいるのである。
　振り返るとさらに愕然とするような現実が目の前に広がっている場合もあるだろう。
　例えば、これまで自分と同じように悩み、解決策を一緒に考えてくれると信じていた部下たちは、みな頭を使うことをとうの昔にやめ、ただただ指示に従う人材ばかりになっている。経

営者は、ものを考えず、マニュアルをひたすら守る人材だけを大量に育てていたのである。

　これは何もコールセンターに限ったことではない。製造業でも小売業でも、どこでも同じ商品や店、サービスを展開して、同じオペレーションでそれらを提供する大企業となり、大規模チェーンとなってきた歴史がある。

　同じような工場や店をつくり、同じように運営をして同じように効率化を図り、どの企業も横並びになって膠着し切ってしまった。このような乾いた雑巾を絞るような、もう何もできないというギリギリの状態から抜け出すには、それまでとは全く違う発想が必要になる。個性豊かな人たちの多様性を受け入れ、その発想を活かして事業化を図る。イノベーションを引き起こすのである。

　自分で考え、自分でものごとを切り開いていく人材がいれば、思いもかけない斬新な商品やサービスを生み出すだろう。これまでにない全く新しい業態をつくるかもしれない。いずれにしても従業員ひとりひとりが持っている能力を発掘し、活かすことがこれからは求められる。タレントマネジメントはそれを可能にする。

　実際のタレントマネジメントの進め方についてはChapter-2から始めるが、その前に個々人のタレントを活かした経営とはどのようなものなのか。もう少しイメージを膨らませていこうと思う。

○ポストイットを実現した3M社のふたつの仕組み

　3M社のポストイットの開発にまつわる話は比較的有名な話であろう。住友スリーエムのサイトには、その開発秘話が紹介されている。

　1969年、アメリカのミネソタ州にある3M社の中央研究所の研究員、スペンサー・シルバーは、接着力の強い接着剤の開発に明け暮れていた。ある日できた試作品は、「よくつくが簡単に剥がれてしまう」というもの。研究目的とはかけ離れていたが、シルバーにはこれが大きなビジネスにつながるとピンと来るものがあった。

　シルバーは社内のあらゆる部門の人たちにこの「不思議な接着剤」を紹介し、見本を配った。何か使い道はないか、新しい用途開発ができないかと歩き回った。だが当時、具体的なアイディアは出てこなかった。しかし、そのシルバーが熱心に使い道を探している姿を、同僚のアート・フライは覚えていた。そして5年後の1974年、フライはその使い道を見つけるのである。

　ある日曜日、教会の聖歌隊のメンバーであったフライは、いつものように讃美歌集のページをめくると、挟んでいたしおりが滑り落ちてしまった。ハッとひらめくものがあった。もし、シルバーの開発した接着剤を使った「のりのついたしおり」があれば……。必要な時にはしっかりと貼りつき、用がなくなれば簡単に剥がれる。もちろん、ページを破いたり、汚したりすることもない、そんな便利なしおりを、シルバーの接着剤なら実現してくれるのではないか。そう考えたのである。

　翌日からフライは、接着剤の濃度を工夫し、試作を続けた。

この取り組みの中でフライは、しおりではなくメモとして使えることに気がつき、開発を進めていった。メモの一部にこの接着剤をつければ、手でつまんで簡単に貼ったり剥がしたりできる。そう考えたのである。

しかし、問題は山積だった。まず、メモの一部だけを糊づけする機械がなかった。そこでフライは自分で機械を自宅の地下に作り上げ試作品をつくった。

マーケティング部門の従業員は売れないと突き放した。通常のメモの10倍近くの価格になり、当時の市場の価格帯とは大きくかけ離れていたからである。

だが、社内の秘書たちに使ってもらったところ非常に好評で、口コミで話題が広がっていった。ニーズを生み出したのである。

1977年、アメリカ4大都市で大々的なテスト販売が実施され、紆余曲折を経て、ついに1980年、ポストイットは全米発売にこぎつけた。その後、ポストイットは世界中で使われる製品になっていった。シルバーの発明から実に10年以上の歳月をかけた結果だった。

○**多様性を受け入れる仕組みが新たなタレントを引き出す**

失敗作が、実は何かに使えるのではないかというひらめき、どこにもなかったゆえに理解されない悩み、逆境の中でもくじけなかった強い意志……。大ヒット製品、ポストイットの開発は、シルバーやフライ等、開発にかかわった人物たちの不屈の精神を称える伝説としていまも語り継がれている。後年、偶然の発見を見逃さない「セレンディピティ（発掘する能力）」の好

例としても取り上げられ、技術開発や商品開発のひとつのモデルのようにも言われてきた。

 我々の関心も、ひらめきや強い意志、逆境を耐える不屈の精神等、いかにも人間くさい物語についつい惹かれてしまいがちだ。いや、技術に興味のある人は、「不思議な接着剤」の成分やできてきた経過に興味があるだろうか。

 だが、人材マネジメントの観点から見落としてはいけないのは、ポストイットの開発の実現には、確かに偶然や強運、強固な意志があったにせよ、それらを活かす会社の仕組みが存在したということだ。

 そのひとつが「15％カルチャー」という、3M社内の不文律である。

 これは勤務時間の15％を自分の好きな研究に使っても良いというもので、シルバーの接着剤開発は会社の業務だったが、意図せずできてしまった「不思議な接着剤」の使い道を探して社内を回った活動は、この「15％」を使って行われた。また、シルバーの接着剤が「のりのついたしおり」に使えるとその開発に奔走したフライもまた、「15％」の中で開発を続けた。2人の研究員にはそれぞれ会社に命じられた研究テーマがあったが、この「15％カルチャー」があったおかげで自由な研究開発ができたのである。

 3M社には、もうひとつ「ブートレッギング（密造酒づくり）」という不文律がある。これは自分の研究をするために会社の設備を使っても良いというもので、上司の命令に背いても構わないとされている。「15％カルチャー」では自分の時間を使えるだ

けだったが、「ブートレッギング」では、設備の使用も可能とされていた。設備の使用は、研究開発には欠かせない要件である。

ポストイットの開発が進められた1960年代後半から80年代にかけて、3M社でタレントマネジメントがなされていたわけではない。当時はまだそのような言葉もなかった。だが、「15％カルチャー」や「ブートレッギング」のふたつの不文律の存在を見れば、3M社という会社が、ひとりひとりの従業員のタレントを重視し、そこから何かが生まれることを期待していることがよくわかる。

「15％カルチャー」や「ブートレッギング」が2人の豊かな個性や発想、そして行動というタレントを引き出したと言えるであろう。そして、その結果として、ポストイットという大ヒット作が生まれた。

これは、単に技術や製品の話だけではない。組織に多様性を受け入れる風土や文化を浸透させ、従業員ひとりひとりの持つタレントに注目し、それを引き出せば、新規プロジェクトを生み出したり、数年後、十数年後の会社の戦略作りに役立てられる可能性があることを示唆している。

いま目の前にある実業や実務だけではなく、将来にわたる全ての分野で、シルバーとフライのようなタレントを探し、育てることをタレントマネジメントは実現するのである。

○**現場からの発想をもとに生まれたGmail**
3M社の「15％カルチャー」の考え方は、多くの企業に引き継がれてきた。よく知られるのがアメリカでコンピュータの開

発、製造、販売を行うHP(ヒューレット・パッカード、Hewlett-Packard Company)の「10％ルール」だろう。これも不文律だが、自分の時間の10％を自由に使え、しかも、会社の倉庫や機材、試薬を自由に持ち出して研究できるというもの。3M社の「15％カルチャー」と「ブートレッギング」を併せたような考え方である。

　最近の例としては、Googleの「20％ルール」がよく知られる。インターネットの検索サービス最大手として知られるアメリカのGoogleは、企業の戦略として早くからこの制度を採り入れ、現実にGmailをはじめ、GoogleニュースやGoogleトーク、Maps等数多くのサービスは、この「20％ルール」から生まれたアイディアをもとに作り上げてきたと言われている。

　アメリカのインターネットのポータルサイトの先駆者、Yahoo!の「Hack Day」。これは通常の業務を休みにして、24時間以内に何かを創り、発表することをルールにしたものである。こちらも成果を上げている。

　いずれも人のタレントをいかに最大限引き出せるか。それを追求した手段であり、事実、それらの制度を通して、会社を代表する商品やソフトウエア、サービスが多数生まれている。

　これらの制度は、「業務の形が先にあり、人がそれに合わせる」という従来の企業活動のあり方とは真逆の、「個人のアイディアや発想が先にあり、そこから企業の業務を形作っていく」ということを実現している人材マネジメントと言えるであろう。

○バリュートランスフォーメーションにより化粧品で
　飛躍した富士フイルム

　タレントに注目すればどのような成果が得られるのか。タレントをシーズに置き換えてもう少し見ていくことにしよう。

　技術開発には、ニーズによるものとシーズによるものがある。

　ニーズによる開発とは、どのような製品が求められているのか。消費者、あるいは取引先のニーズから製品の仕様を定め、それを満たす技術を開発していくことである。必要な技術は、他社から特許を買い取るなどして入手し、製品化する場合もある。シーズによる開発とは、革新的な技術や発明が先にあり、その使い道を探って製品化することを指す。

　日本の富士フイルムは、このシーズによる開発で大きな改革を実現した。同社はその社名の通り、もともとは写真のフィルムを製造するメーカーだった。だが、フィルムの売上はデジタルカメラの急速な普及と共に急落し、現在はピーク時の数％にしかすぎなくなっている。

　だが、同社は早くから多角化の方針を打ち出し、複写機やプリンター等のオフィス用品や、記録メディア等の素材、デジタルカメラに使われる映像素子等、多彩な商品やサービスを打ち出し、成功に導いてきた。

　中でも最近、注目を浴びているのがヘルスケア分野である。X線フィルムやその診断装置、内視鏡等は、得意とする「画像」技術を活かしたものと考えられるが、2006年に参入した化粧品についてはどう説明すれば良いだろうか。誰もが「なぜフィルム会社が化粧品を？」と驚いたのではないだろうか。

数多くのメディアでも取り上げられ、多角化の極みのようにも報道された富士フイルムの「化粧品への参入」だったが、同社にとってはかねてから持っていた「シーズ」の応用だった。
　「アスタリフト」は2007年、同社が発売を始めたエイジングスキンケアのための化粧品である。肌のはりを維持するアスタキサンチンと3種のコラーゲンが含まれている。3種類とは、肌を覆い、潤いを保持する水溶性コラーゲン、角層まで浸透して潤いを加える浸透性コラーゲン、肌の奥深くに浸透するピココラーゲンの3つである。これらの開発には同社が培ってきた技術が使われている。
　実は、カラー写真のフィルムにもコラーゲンが使われている。フィルムは3つの感光層からなっているが、それらを形作っているのが写真用語で「ゼラチン」と呼ばれるコラーゲンである。
　写真フィルムに用いられるコラーゲンには、長期間にわたって安定的な品質を保つことはもちろん、現像時に水分を十分に吸い取って保持したりと、特殊な性能が求められる。これを実現するため、同社では数十年にわたる研究の蓄積があった。
　一番大きな水溶性コラーゲンは分子量が約30万だが、一番小さいピココラーゲンは分子量が173と非常に小さく、ここまで作り分けられる企業はそれまで存在しなかった。だが、膨大なコラーゲンの研究成果があった富士フイルムにはそれが可能だった。

○シーズを活用することで新しい事業を生み出す

　2013年に発売されたニキビケア化粧品「ルナメアAC（アク

ネケア)」も、同社が従来から持つナノ技術の応用である。

これまで一般的なニキビケア化粧品には、「水溶性」の有効成分が配合されていた。しかし、毛穴の内部は脂性のため、水溶性の成分では脂にはじかれ、十分な効果を上げることができない。油溶性の成分にすれば毛穴まで届きやすい。それは他社でもわかっていたことだが、どの企業も実現する技術を持っていなかった。

富士フイルムが応用したのは、フィルムの研究開発で養ったナノ技術である。油溶性の有効成分、グリチルレチン酸ステアリルを保湿成分と組み合わせて80nmまでナノ化することに成功した。化粧水に溶けやすく、毛穴へ浸透しやすくしたのである。

富士フイルムは、フィルム開発で培ってきた技術、シーズを埋もれさせず、全く違う分野で使うことに成功した。

このように、たとえひとつの分野が成熟し、衰退したとしても、自社の持つシーズを知り、その活かし方がわかれば、全く違う分野で再びトップに躍り出ることができるのである。

これを人材マネジメントに置き換えるとどうだろうか。人材のタレントというビジネス資産を用いて新規プロジェクトや商品、サービスの開発を実現するという考えにつながるのではないだろうか。

これまで培ってきたビジネス資産(技術や人材のタレント等)を用いて、別の事業へ転換することをバリュートランスフォーメーションと呼ぶ。タレントマネジメントは、人のタレントに

着目し、事業価値の転換、すなわちバリュートランスフォーメーションを可能にする。

繰り返しになるが、これは技術の分野に限らず、どのような分野であっても、どのような人材であっても当てはまることである。勝つ企業は、自社のビジネス資産やビジネス資産のひとつである従業員のタレントを知り、使い、そして育成し続け、成長を実現しているのである。

従業員の「タレント」を活用できれば……

○その1　全従業員が活性化する

これまでの事例で、タレントマネジメントがどのような場面で効果を発揮するのか、おおよそのイメージができてきたのではないだろうか。タレントマネジメントは、現在、多くの会社がぶつかっている組織の活性化という永遠とも言うべき課題を解消する有効なきっかけになるに違いないと私は考えている。

タレントマネジメントに関する書物や資料を調べていくと、マッキンゼー・アンド・カンパニーによる「The War for Talent」(2001年10月、Harvard Business School Press、日本語訳は2002年5月、翔泳社)という名の書籍にあたる。多くの人事関係者から、タレントマネジメントを先駆けて取り上げた書として読まれている。

同書のテーマは、マネジメント人材の獲得・育成・確保についてであり、タレントを「マネジメント人材を指し、あらゆるレベルで会社の目標達成と業績向上を推し進める、有能なリー

ダーとマネジャーを意味する」と定義している。

 だが、ここで言うマネジメント人材とは、会社の上層部の人材という意味合いが強く、考え方がサクセッションプランに近い。サクセッションプランとは後継者を育成する計画のことである。会社、組織の中で優秀な人材を選び出し、教育を施し、複数の部署を経験させながら、後継者として育てる。確かに有能なマネジメント人材を計画的に育成することもタレントマネジメントのひとつと考えられる。

 しかし、私は日本におけるタレントマネジメントとは、後継者候補やマネジメント人材、また有能なリーダーといった特定の人材だけではなく、全ての従業員に当てはめなければならないと考えている。優秀な人材はもちろんだが、従業員全員、アルバイト、パートにいたるまで、会社、組織で働く全員を対象にすべきである。なぜなら、日本はこれから本格的に少子高齢化する時代を迎える。また、グローバルでの競争もこれから本格化していく。これらの日本市場における環境変化については後述するが、これらの変化はタレントマネジメントの源流であるアメリカでは見られない現象である。アメリカは、今後20〜30年にわたっても人口は増加する傾向にあり、また多民族国家であるがゆえに、これまでもグローバルでの競争を前提として戦ってきた。このように日本とアメリカを比較しても文化や環境が異なる。つまり日本は、日本において求められる独自のタレントマネジメントを実現する必要があるといえる。

 これはタレントマネジメントの源流であるアメリカの考え方や手法を無視するということではない。日本の人材マネジメン

トは、これまでにもガラパゴス化していることが懸念されてきている。これから日本がグローバルでの競争に勝っていく上では、源流となるアメリカのタレントマネジメントの考え方や手法を受け入れ、日本の人材マネジメントのガラパゴス化を払拭すると共に、これまでの日本の人材マネジメントの良さを活かすタレントマネジメントを実現する必要があるのである。

　個々人の才能や能力、経験に応じて人材マネジメントを行うのがタレントマネジメントである。現在、優秀で現実に成果を上げているハイパフォーマーにとっても、また、現在はそうではないローパフォーマーにとっても、ひとりひとりに応じたマネジメント――才能を発見し、磨き、育成することがこれからは求められ、また、そうしなければ、会社は生き残っていくことができない。

　個々の成長スピードに合わせて新しい機会提供を行い、その機会の中で開発された能力や、またその機会そのものを経た実績を会社の成長や発展に活かしていくことが求められる。

図表1-1　米国人材マネジメント協会（SHRM）によるタレントマネジメントの定義

人材の採用、選抜、適材適所、リーダーの育成・開発、評価、報酬、後継者養成等の人材マネジメントのプロセス改善を通して、職場の生産性を改善し、必要なスキルを持つ人材の意欲を増進させ、現在と将来のビジネスニーズの違いを見極め、優秀人材の維持、能力開発を統合的、戦略的に進める取り組みやシステムデザインを導入すること。

○その2　人材の適正配置が可能になる

　タレントマネジメントがもたらす効果には次のようなことが考えられる。

　まず、個々人のタレントをマネジメントできれば不必要なリストラや採用を抑えられるだろう。

　本書の冒頭の例のように、キャリアの行き詰まりを感じて退職せざるを得ない従業員がいる一方、実はその従業員の持っているタレントを求めて、別の部署では人材を募集、採用してしまうようなすれ違いや無駄はなくなる。

　従来は、ある部署で評価が低ければ、それで全ての評価が決まる傾向にあったのではないだろうか。部署や仕事が変われば、評価が変わって当然なのだが、多くの日本企業では、一度のチャンスだけで全ての評価——レッテルが貼られてしまう傾向が強かった。

　だが、現実には豊富なタレントを持っていながら、ひとつの部署で低評価のまま本領を発揮できずにいる人は大勢いる。たとえひとつの部署で成果を上げられなくとも、別の部署にチャンスはある。ある部署でローパフォーマーと評価された人材であっても、そのタレントを発掘し、育成することで、全く別の仕事で成果を上げることは大いにあり得るのである。

　人材のタレントに着目するタレントマネジメントを推進すれば、その人がどの部署で働くことで最も力を発揮するかを明らかにすることができる。従業員のタレントを知った上で人材配置を図れば、組織横断的な人材の活用が可能になる。

　いまでもそうしていると言う人事担当者はいるだろう。だが、

見えている範囲はごく狭い一部の範囲なのではないだろうか。場合によっては人事部長等のごく少数の人たちの頭の中だけに、人材活用の青写真があることもある。そして、当然、現場にはそのことは知らされていないのではないだろうか。

　タレントマネジメントを推進すれば、その人のいまの才能や過去の実績ばかりでなく、将来に身につける能力にも目が向く。そして、その能力の習得を促す異動、配置も可能になる。個人の潜在的なタレントにまで着目しながら配置を行えば、さらに成長する組織ができるだろう。

　また、人材も可能な限り内部から見つけ出そう、中から調達しようという考えに変わる。人をリストラしたり、仕事に合わせた新しい人材を外から募集したりする必要が少なくなる。現時点で、その部署やプロジェクトに最適な人材が見つからなくとも、遂行できる可能性の高いタレントを持つ従業員を選び出すことができ、そして育成することが可能になる。

　それでも見つけられない時は外から補充するということになるが、その時もまた、候補者が現在持っているタレントと、将来持つであろうタレントを予想しながら採用することになる。つまり、新しい採用の目線が備わるだろう。

　タレントマネジメントを行えば、現在の事業や組織のニーズに対して、人的資産の最適化を実現していくことができるのである。つまり、文字通り適材適所が可能になる。

　特にグローバルで展開している企業においては、その多様な人材を社内で流動させ、活用したいというニーズは高い。タレントマネジメントを推進する範囲は全社にも、あるいはグルー

プ会社を含めたグループ全体でも、また、あるいは海外の法人や支店も含めたグローバルレベルでもそれは可能になる。現段階で、大手企業やグループ経営している企業が、タレントマネジメントによって実現しようとしているのはこのあたりだろう。

　また、さらには、これまで会社で経験したことのないような未知の部門、未知のプロジェクト、新規プロジェクトの計画等が持ち上がった時にも、従業員ひとりひとりの持つ能力や過去の似たようなプロジェクトでの経験、実績等から、それに最もふさわしい人材を選び出すことが可能になる。そうすれば、新規プロジェクトが成功する可能性は高くなるはずである。

　新規プロジェクトといった大掛かりな計画でなくとも、日常、行われているあらゆるシーンでも、社内コラボレーションが促進できる。

　業務が先にあり、それに合わせて人材を見つけたり、育成したりするだけではなく、いまいる人材のタレントをまず知って、その人たちの能力が発揮できる業務を形作っていく。タレントマネジメントによって、「仕事が先、人は後」の旧来の姿から、「人が先、仕事は後」という新しい考え方が現実のものになっていくのである。

　この「人が先、仕事は後」という表現を用いると、"従業員に迎合した人材マネジメントを行うこと"や"職能主義にとらえられること"がある。しかし、タレントマネジメントとは従業員に迎合した人材マネジメントでもなければ職能主義でもない。

　これまでの人材マネジメントでは、いかに社員のロイヤルテ

ィを高めるかがテーマになっていた。ロイヤルティとは、端的に言うと「社員の会社に対する忠誠心」のことを指す。しかし昨今では、経済環境や産業構造、また労働市場の変化などに伴って、エンゲージメントという考え方が会社には求められている。エンゲージメントとは、約束や契約といった意味合いを指し、相互の関係性の上で成り立つ。従業員と会社が双方向で信頼できている関係であると言える。タレントマネジメントを推進していく上でも、このエンゲージメントという考え方は前提として存在する。ロイヤルティを高めるわけでも、従業員に迎合するわけでもない、従業員と会社が双方向で信頼できている関係がタレントマネジメントには求められるのである。

またタレントマネジメントは職能主義でもない。職能主義とは、従業員は職務に関連する能力を習得し、その習得した能力に沿って処遇する人材マネジメントの考え方である。この職能主義が指す能力とは、汎用性の高い能力を指すのではなく、ある会社の中で必要とされる職務能力が大半を占めることから、年功的になる場合も少なくなく課題視されてきた。しかし、タレントマネジメントを推進していく際に求められる能力とは、ある会社の中だけで必要とされる職務能力ではなく、汎用性のあるものが大半を指し、また現在の保有能力だけでなく、将来身につける(つけさせる)能力にも着目しているところが、これまでの職能主義とは全く異なる点である。

◯その3　中長期的な戦略作りが可能になる

タレントマネジメントを推進することは、5年後、10年後の

中長期的な視点で、会社の将来の人材マネジメント戦略を描くことにつながる。

　タレントマネジメントを推進するということは、ひとりひとりの従業員の生涯にわたって、そのタレントの育成を計画、実施していくことを意味する。多くの機会を与えてタレントを発掘し、教育し、研修することはもちろん、実際の仕事を通しての育成も図り、定期的にフィードバックして、PDSを回していく。自ずとそれは数年、数十年がかりになる。

　一方、会社には、5年後、10年後の事業がどうあるべきかといった中長期的な戦略があるはずである。それを実現するには、どのような人材がふさわしいのか。人材の育成もまた中長期的視点で行われねばならず、それはタレントマネジメントの時間軸とリンクすることになる。

　自社の従業員が持つタレントが明らかになっていれば、いくつかある戦略の中から、実現の可能性が高いものを取捨選択することもできるだろう。すでに述べているように、人材のタレントをもとに新規プロジェクトをつくり、それを中長期にわたって成長させていくという戦略が描けるだろう。

　ひとりひとりの従業員の中長期的な育成を図るということは、その個人から見れば、自分のキャリアプランニングを行うことと同義になる。タレントマネジメントは、ひとりひとりの従業員が自分のキャリアプランを描き、それを実現することを支援する役割も果たす。本人が気づいていない潜在的なタレントの発掘、育成もタレントマネジメントを推進していくことで可能になるだろう。個人にとっても企業にとっても非常に有益なこ

とである。

　このような考え方を「人に迎合した戦略」という人がいるかもしれない。しかし、人材は経営資源のひとつであることからもわかるように、ヒト・モノ・カネ・情報の状況や状態から、戦略の優先順位を検討、決定しているだけにすぎない、いたって合理的な考え方なのである。また、重要なことは、特定の「誰か」に寄与するのではなく、「どのような人材」にその軸を置くかにある。そのような人材を一定量、育成し、開発するためにタレントマネジメントが必要なのである。

　優秀で、経営を担う力のある人材については、早くからあらゆる経験をさせ、経営の中枢に配置する。5年後、10年後の会社の中長期的な戦略実現に合わせて、経営者層の育成を図ることもできる。いわゆるサクセッションマネジメントである。

　エントリーレベルの比較的ランクの低い人材であってもタレントを見極めることで、最初は短期的な視点で育成を図り、やがて会社の中長期的な戦略に沿ったタレントの育成・開発に移行していくことができるだろう。

　どのような従業員であっても、アクティベーション（活性化）できるのが、タレントマネジメントである。

　どのような会社も成長や存続を志向するのであれば、中長期的な戦略を持つべきである。大手企業はともかく、中小企業ともなれば、目先の売上をあげることに精一杯で、とても5年後、10年後の戦略など描き切れないというところが正直なところも多いのではないだろうか。

　中長期的な戦略作りについてはノウハウがあり、専門のコン

サルタントをはじめ、いろいろな専門家を活用しながらぜひ実施していただきたいところである。タレントマネジメントを推進すること、自社におけるタレントのあり方を考えることそのものが会社に中長期的な戦略作りの視点をもたらすことにもつながると私は考えている。

○その4　会社そのものが変わる、エンゲージメントの高い企業に

　従業員ひとりひとりのタレントを正確に把握することができるようになれば、年功序列の弊害は解消されるだろう。なぜなら人材を判断する基準が、年齢ではなく、個々人の持つタレントになるからである。個々人の持つタレントはひとりひとり違い、その成長速度も、方向性も多岐にわたる。年齢は全く関係なくなり、タレントをいかに育成するかが大きな課題となる。

　タレントマネジメントを推進することで、行き過ぎた成果主義も是正されるだろう。行き過ぎた成果主義とは、「仕事が先、人は後」の仕事の枠組みがあるから成り立つ考え方である。営業部門を例にとれば、売上の目標があり、個人のノルマが定まり、そのために営業の能力を磨く。

　しかし、タレントマネジメントを推進すれば、その人のタレントをどのように育てていくのかに目が向く。つまり、「人が先、仕事は後」の要素が加わるのである。人のタレントを意識し、能力を無駄にせず、最大限に活かすことで、より効果的に成果を得られるはずだ。

　タレントマネジメントを推進することによって、会社と個人

との関係は変わっていくだろう。これまで会社は、従業員に対してロイヤルティを求めた。ロイヤルティが高いか低いかは評価のひとつの指標でもあった。だが、それはある意味、一方的なもので、会社が主、従業員が従という関係を前提としていると言っても過言ではない。

しかし、昨今では、労働市場や雇用環境の変化から、この「主従関係」が成り立たなくなっているのが現状である。タレントマネジメントを推進し、それをマネジメントの根幹にしている会社は、従業員と同等の立場から、個々人のキャリアデザインの手助けをすることになる。

従業員個人にとって、特に自分で自分のキャリアを切り開いていこうという意識の強い従業員にとっては、タレントマネジメントを推進している会社で働き続けることを望ましく思うだろう。

タレントマネジメントによって従業員の持つタレントが発見され、育成される。それらによって個々人の会社への信頼度も高まる。個々人が経験を積み、キャリアを重ねることによって、会社との結びつきは強くなっていくだろう。会社と従業員とは、旧来の主従関係ではない、対等な関係が築かれていく。

これがエンゲージメントである。

混同されて使われることの多いエンゲージメントとロイヤルティだが、その意味は根本的に異なる。ロイヤルティは「主従関係」の上に成り立つ考えで、一方、エンゲージメントは両者が「同等の関係」から成り立つ考えである。

エンゲージメントが高い会社には人が自然に集まりやすくな

る。タレントマネジメントを進めることと、会社でエンゲージメントが高まることは、密接に関連し合っている。

　エンゲージメントについては、Chapter-3で詳細に触れていく。

2.

HRM、HC、そしてタレントマネジメント

世界はいかにタレントマネジメントに行き着いたか

アメリカで始まったタレントマネジメント

○急速に浸透しつつあるタレントマネジメント

　私がタレントマネジメントという言葉を聞いたのは、2000年前後、外資系のコンサルティング会社に勤めていた時のことだった。当時、アメリカでタレントマネジメントという概念が広まっており、それを日本へ輸入できないかと私が勤めていたコンサルティング会社では考えていた。

　しかし、それは簡単なことではなかった。アメリカと日本では労働環境が大きく異なる。アメリカでは、人々は頻繁に転職を繰り返し、会社もまた、簡単に従業員のクビを切る。そのような中でも、個々人は一貫したキャリアを築こうとする。アメリカで深く浸透しつつあったタレントマネジメントは、アメリカの文化や風土、労働環境等の背景があればこその考え方だった。それらを抜きにして、日本の企業にすんなりと適用できるものではなかった。

　しかし、昨今、日本国内においてタレントマネジメントは急

図表1−2　タレントマネジメントパッケージライセンス市場規模推移と予測

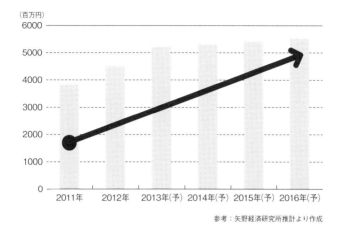

参考：矢野経済研究所推計より作成

速に広がっている。2011年から翌2012年にかけてタレントマネジメントに用いるシステムのパッケージライセンスは、19.9％伸びている。これはあくまでシステムの話で、現実のタレントマネジメントが浸透しているかどうかとは区別して考える必要はあるのだが、多くの会社でタレントマネジメントが求められていることに間違いないと言えるであろう(図表1−2)。

　アメリカの企業と日本の企業が置かれる立場には、多くの相違点があるものの、いくつか共通する点も存在する。
　後述するように、日本には日本独自の事情もあるのだが、それもまたタレントマネジメントが国内で必要であることを示している。企業の人事をめぐる歴史を振り返りながら、いかに歴史はタレントマネジメントに行き着いたか、時代をさかのぼっ

て見ていくことにしよう。

　これまでの人材マネジメントの変遷の延長線上に存在する人材マネジメントの考え方、それがタレントマネジメントなのである。

PMからHRMへ、ヒトという資源が前面に

○高度経済成長期に強化された 「パーソナル・マネジメント」

　戦後から現在までの約70年間、日本の人事・教育の仕組みは、大きく変貌を遂げてきた(図表1－3)。

　終戦直後から高度経済成長期にかけて形作られたのがPM(パーソネル・マネジメント、人事労務管理)である。終戦直後のまだ混乱が残る中、戦争で失われた生産体制を少しでも早く再構築することが当時の最優先の課題だった。着実に仕事を回すために、人を集める。人は、労働力、生産の一要素にすぎず、企業活動における「コスト」であり、それを管理するという考え方が主流だった。

　1950年代半ばから70年代半ばまでにわたる高度経済成長期は、その考え方がいっそう強化された時期と言える。

　大量消費をまかなうための大量生産が会社の使命であり、そのため大量の従業員を雇った。一方、定まった作業を着実にこなすことが最も大事な従業員の使命であり、その訓練が行われた。仕事に長く携われば携わるほど熟練し、技術は高まる。生産を安定的に維持させるためにも、従業員を会社に長く留める

必要があり、長期にわたって能力向上を図る階層別研修や職能別研修が行われた。そして、年功序列の給与体系がつくられ、終身雇用が一般化されていった。

人事・教育部門も、現場の技術や知識、スキル向上に主な労力が注がれた時代だった。人材開発という言葉も使われたが、あくまで仕事の形が先にあり、それに人がどれだけ合わせられるか——人材開発はそのための教育であり、訓練であった。表立ってはあまり言われないことだが、そもそも人は怠けるものであり、それを防いで効率的に働かせるための管理がPMだったとも言える。

GDPの成長率が年間10％以上という高度経済成長が背景にあったがゆえのPMだったのだが、それは1973年の第1次オイルショックで大きく変わっていく。

オイルショックを境に日本のGDPの成長率は4〜5％台に低下した。会社にとっては改めて成長を維持することが大きな課題となり、そのために有能な従業員を獲得することが重視されるようになった。

GDP成長率10％前後の高度経済成長時代は、どの分野のどの会社も高度成長が当たり前のことであり、それを維持するために多くの従業員を雇い、囲い込み、その底上げのために教育や訓練を行った。言葉は悪いが、人は誰でも構わない、数さえ揃えられればと、やみくもに人数を獲得していた時代と言ってもいい。

図表1-3 人材マネジメントの変遷

ビジネス・環境変遷	人材マネジメント変遷	主旨	
人材に大きく依存しないビジネス	PM（パーソナル・マネジメント）	・雇用の発生 ・人材は資源である概念 ・怠けの管理 ・労働効率を重視	タレントマネジメントは全く新しいものではなく、これまでの人材マネジメントの変遷の延長線上に存在する。
人材に大きく依存しないビジネス	HRM（ヒューマン・リソース・マネジメント）	・人材を運用する概念 ・採用～活用～代謝をコントロールする ・効率から効果に着眼	
人材のスキルや能力などがビジネスに大きく寄与	HC（ヒューマン・キャピタル）	・人材を資産とする概念 ・エンゲージメントを高めて会社内にプールする ・リテンション対策（退職抑制）	
人材のスキルや能力などがビジネスに大きく寄与	TM（タレントマネジメント）	・人材の潜在能力に着眼 ・HCの発展系 ・潜在能力を引き出す ・人材を短期はもとより中長期の視野で活用する	

○ヒトを戦略的資源と位置づけた
「ヒューマン・リソース・マネジメント」

だが、低成長時代に入ると、どの会社も採用時から人の質を見極め、入社後もその会社の戦略や方針の実現に貢献する人材を育てる必要が出てきた。人材は「人的資源」と呼ばれるようになり、管理・開発されるようになった。その管理手法として登場したのがHRM（ヒューマン・リソース・マネジメント、人的資源管理）である。

経営を構成する資源として、設備を扱う生産管理、資金の管理を行う財務管理、情報を扱う情報管理、そして人材管理の4

つがある。いわゆるモノ・カネ・情報・ヒトである。

　最新鋭の工場設備を動かすにも、投資先を決めるにも、高度な情報技術を駆使するにも、全てはヒトが行う。ヒトがいて初めてそれらが本来の役割を果たすことができる。ヒトは、他の3つの要素、モノ・カネ・情報を動かす主体であり、経営の中核として重視すべき存在と位置づけられた。

　経営資源の中でも、ヒトは会社にとって最も大切で、最も根源的なリソース(資源)であるとされ、競争を勝ち抜いていくための最大の源泉であると位置づけられた。それがHRMだった。

　また、生身のヒトには、喜怒哀楽の感情があり、自ら思考もする。働く動機や意思、意欲を持ち、学び、育っていく存在である。命令されただけでヒトは動かない。不愉快にさえ感じる。組織上の制約はあるにせよ、自由で自律的な行動を認めることで、ヒトは活発に活動をする。

　怠けるのを防ぐ管理──PMではなく、働くための動機づけを行い、学習の機会を与えて、その可能性を引き出す。経営資源であるヒトを人材として肯定的にとらえ、その成長を促したのがHRMだとも言える。

　「働く人を活かす組織」ということが盛んに言われ、能力開発が重視されるようになった。1980年代半ばからは、さらにこの人的資源管理・人材開発が強化されていった。

HCで人材は人財に、そしてタレントマネジメントへ

○変化してきた人事部門の役割

　PMの時代、つまり大量生産時代は、設備が主であり、それを動かす人は取り替えの利くものだった。

　だが、HRMの時代になると会社は「個」としてのヒトを意識し、従業員もまた「個」としての自分のキャリアを意識する必要が出てきた。もはや、怠けようとする人を監視し、管理するのが「人事」ではなくなった。人の意志や動機に働きかけながら、会社の業績に貢献するように方向づけていく。そのために採用・配置・教育・異動・昇給の体系をつくり上げ、運用していくことが人事の仕事になった。

　また、会社と従業員との間の心理的な絆も強まっていった。ヒトを文字通り人としてとらえ、会社、組織にとって大事な「資源」と位置づけたHRMの考え方は、当時、革新的だったと言っても良い。HRMにより、人事の仕事自体が見直されるようになった一面は見逃せない。

　HRMの時代において、人事部門は、「戦略的人事」を実現することになった。

　「戦略的人事」とは、その名の通り、経営戦略を実現するための人事であり、中長期的に組織の競争優位性を保持し続ける人事のことを指す。「戦略的人事」が実現すれば、人事は会社の業績に直結する。

　1990年代はじめ、バブルが崩壊すると、それはいっそう鮮明になっていく。この時代、会社がより注目し始めたのが、「個」

である。

　高度経済成長期、低成長期を経て、さらにゼロ成長、マイナス成長の時代に入ると、会社は「個」が目の前の成果を出すことに関心を向けざるを得なくなる。すぐに成果をあげることが期待され、そのための評価手法や報酬体系が整えられていった。

　成果主義である。

　即戦力という言葉も盛んに言われ、採用ではすぐに活躍できる人材が求められた。教育、能力開発でもすぐに効果のある手法が求められた。

　HC（ヒューマン・キャピタル）──「人的資産」という言葉が使われ始めたのもこのころからである。

○ヒトは消費される存在ではなくリターンをもたらす資産と位置づけた「ヒューマン・キャピタル」

　HRMでは、人は高度に考える知的な一面を持ち、教育や能力開発が重要という考え方が主流になった。その考え方をいっそう進め、人材とは一方的に消費する「リソース（資源）」ではなく、投資によりリターンをもたらす「キャピタル（資産）」と位置づけたのが、HC（Human Capital、人的資産）である。

　資産であれば、それを運用し、増やさなければならない。そのため、教育という投資がなされ、リターンが期待された。

　HRMの時代、人材は「リソース（資源）」である以上、配属先が思うように「資源」として活用することが肯定された。当然ながら、会社の仕組みや仕掛けを回すために有能な人材が重宝された。日本企業では、人間性を重視し、人材の育成や学習

機会の提供を重要視したHRMではあったが、経営者や管理職の立場から見ればやはり「資源」の域を出ておらず、その目的も"直近の仕事"や"発生している問題・課題"を解決するためのものにほかならなかった。

「仕事が先、人は後」という枠組みは相変わらず続いていたのである。

だが、HCの時代になると、「仕事が先、人は後」の枠組み自体が崩れていく。

「個」は、もはや設備を動かす部品ではなく、会社を直接変える主体となった。例えば、IT企業では、ビジネスのもとである商品やサービスが、たったひとりのアイディアから生まれ、それがまたたく間にカタチになり、市場に浸透していく。

ビジネスの源は人材になった。

かつてのようにビジネスの主体となるのは設備でもなく、そのために投資するカネでもない。人材が持っている能力や実績、経験等を引き出し、事業を結びつけることが、会社が勝ち抜く条件のひとつになった。会社にとっては、人材のタレントを開発し、管理し、磨き続けることが最重要の課題となっていったのである。

この流れはIT企業ばかりではない。どんな業種であっても、合理化、コストダウンは行き着くところまで行ってしまっている。みな同じ方向へ向い、同じ壁にぶつかっている。この状況から脱却するには、人材の力がどうしても必要になると言えるのであろう。

タレントマネジメントは、こうした時代背景から生まれてき

た考え方である。人材のタレントに着眼したマネジメントは、もはや会社にとって不可欠なものとなった。従業員ひとりひとりが持っているタレントを見つけ、育成し、活用する。

それは、決して従業員への迎合ではない。特定の「誰か」ではなく、「どのような人材」に軸を置くかに着眼する考え方であり、新しいマネジメント手法である。そしてそれは「仕事が先、人は後」という枠組みを、「人が先、仕事は後」へと変えることを意味する。

人材の「タレント」に着眼したマネジメントが不可欠に

○HCが位置づけている「個」の重視を歪めた長期的不況

我が社の人事部でも、従業員の能力を最大限に伸ばすように人材をマネジメントしてきた——いままでの人材マネジメントとタレントマネジメントがどう違うのかと思うかもしれない。

確かに、かつても「個」を重視して育成してきた会社は多い。昨今では、会社で行っている教育や人材育成も変わりつつある。これまでは誰でも同じ集合的な教育を受け、同じ指標で評価されていた。それらが個人の能力や役割に応じたものに変わってきている。

しかしそれらは、最初に仕事の枠組みがあり、それをこなせる人材を育成するという構造は変わっていないのではないだろうか。つまり、個人にフォーカスはあたっているものの、それらはあくまで直近の仕事や業務に対するものであり、「仕事が先、人は後」の枠組みの中での、個人に対するフォーカスなのでは

ないだろうか。

　日本においては、バブル崩壊後の1990年代前半から長期的な不況が続き、会社は整理という名のもと、事業や資産をどんどん切り離していった。HCと呼ばれる人的資産もその例外ではなく、リストラと称してクビが切られ、運用するどころか投げ売りするようなことがまかり通った時代である。

　人材を資産としてとらえ、投資をして運用する以前に、多くの会社は自らの行き先を模索するのに必死だった。

　そのような中、幸か不幸かリストラされることなく会社に残った人材は、中長期的なキャリアや成長を考える余裕はなく、直近の仕事や業務に対する教育や人材育成が施されると共に、短期的な結果を求める成果主義に偏重した環境の中で働くしかなかったのである。

　このような環境下での「個」の重視とは、見た目は同じ個人にフォーカスした人材マネジメントであったとしても、その内容や意味は全く異なる。タレントに着目したものというよりは、直近の成果に着目した人材マネジメントである。中長期的に「人的資産」をマネジメントしていく、というHCの本来あるべき姿とはかけ離れているのである。これらの背景がHCで位置づけている「個」の重視のとらえ方を歪めていると言っても過言ではない。

○タレントマネジメントの推進が、これからの発展の鍵

　日本企業の人事に対する考え方には大きな差があり、これまで述べてきたようなことが当てはまらない会社も数多く存在す

る。私の経験から見ても、会社によって人事の考え方や取り組みには驚くほど差があるというのが実感値である。

　人事や教育を科学的にとらえ、同時にヒトを人として認めて人間的な側面をも包括しながら、従業員にとっても会社にとってもパフォーマンスが最大になるよう、効果的な施策をとっている先進的な会社がある一方、人の評価や給与も社長の一存で全て決まってしまうような会社も日本にはまだまだ存在する。

　前者は大企業に多く、後者は中小企業に多い傾向はあるものの、小規模な会社であってもITなどの比較的新しい分野で事業を行っている会社では進んだ考え方や取り組みを行っている場合も多い。

　だが、確実に言えることがひとつだけある。

　ややセンセーショナルな表現になるが、いまや人のタレントに注目しなければ、会社はそれ以上、発展することはない。タレントマネジメントを推進することは、どのような規模の会社であっても、どのような業種の会社であっても、これからは必要不可欠になる。

　もはや、高度経済成長期でもなければ、低成長の時代でもない。国全体の経済成長に乗りながら、会社を大きくさせるようなことはもうできない。会社が自らで変革を促し、あり方を変えていかなければ消え去るしか選択肢は残されていない。こと人材マネジメントにおいては、従業員のタレントを無視しては会社は生き残れない時代なのである。

欧米では人材流出を食い止めるための切実な事情も

○転職を繰り返すのはキャリアアップのため

　タレントマネジメントは、時代の流れから必然的に生まれてきた、まさに時代の要請である。だが、これまでの説明では、「こうなるべき」「ならなければならない」という私の主張もあり、やや理想論に聞こえるところもあったかもしれない。しかし、欧米の場合、タレントマネジメントを採り入れなければならなかった極めて現実的な事情があることを、ここで付け加えておく。

　欧米、特にアメリカでは、人材の流動が激しい。会社はある人材が必要だとわかれば、外部から調達することをためらわない。そして、不要だと思えば簡単にクビを切る。

　従業員は自分のキャリアを築いていくために、転職しながらポジションを獲得し、キャリアデザインを描いていかなければならない。むしろ、キャリアアップを考えている人ほど、転職を繰り返す傾向がある。

　優秀な人材ほど流出する可能性は高く、会社にとっては経営を担う後継者をどう育成するかが長年の課題であった。そこで注目されたのがタレントマネジメントである。アメリカでは、優秀な人材の流出を防止するためにタレントマネジメントが推進されてきた一面を見逃すことはできない。

○多くの低評価従業員をリストラし続けることの弊害

　アメリカのあるIT企業は、低評価の対象者15％を毎年リス

トラしていることで知られている。その会社の管理職には、売上や利益の達成と共に、従業員のリストラも重要な役割として目標が設定されている。社内には、管理職向けの退職勧告用のマニュアルも存在すると言われている。

　2:6:2の法則はどなたもご存知だろう。会社などの組織や集団では上位2割の人間は実績、生産性とも優秀で、会社へのロイヤルティも高い。だが、中位6割は上位とも下位とも言えない平均的な集団となり、下位2割は実績、生産性、ロイヤルティ共に低く、かえって組織の足を引っ張りかねない存在になってしまうという法則である。

　これはどのような会社にでも見られることで、たとえ下位2割の従業員を切り捨てて、残り8割になったとして、やがて再び上位、中位、下位の2:6:2に分かれてしまうと言われている。

　このIT企業では、下位15%の従業員のクビを切り続けることで、実績、生産性、ロイヤルティともに高い、あるいは高くなくとも、少なくとも足を引っ張るような従業員のいない状態を常に維持しようとしている。

　だが、この方法には限界がある。すでに述べたように、下位の従業員をクビ切りしたとしても、いずれ残りの従業員は2:6:2に分かれてしまう。そうならないようにするには、毎年、下位の従業員のクビ切りを続けなければならず、実際にこの会社ではそうしている。

　毎年クビ切りされるのであれば、そうならないよう発奮する従業員もいれば、最初から諦める従業員も出てくる。クビ切りを恒常的に行っていること自体が、かえって従業員のやる気を

奪い、2：6：2の中位、下位へと従業員を押しやってしまう結果にもなる。それでもタイミングをうまく計りながらクビ切りを続ければ、新陳代謝により、組織としての体をなすのかもしれない。だが、それでも大きな問題は残る。やる気を失うのは、下位の人間ばかりでなく、中位、上位の人間にも及ぶ可能性があるためである。

　優秀な人材ほど自分のキャリアをどう形作っていくかを考えているものだ。だが、次の機会にはクビ切りされるかもしれないと思っていれば、自分で計画的なキャリアデザインを描くこと自体を諦めてしまいかねない。キャリアを築くためにふさわしい会社は別にあると、優秀な従業員をわざわざ流出させてしまう事態になりかねない。

　このIT企業の15％クビ切りの制度は極端な例だが、欧米の会社には多かれ少なかれこのような傾向がある。そして、その結果、会社にはいつまでたっても経営の中枢を担う人材が育たないのである。

　どうすればいいのか──そこで登場してきたのがタレントマネジメントである。後継者育成のための計画──サクセッションプランもタレントマネジメントのうちのひとつとして登場してきた。前出の「The War for Talent」でも、特に会社の後継者となるべきマネジメント人材の獲得、育成をテーマにしていたが、このような背景があるからである。

3. 日本には日本独自の タレントマネジメントが 求められている

日本にある独自の事情

○会社にかかわる全ての人のタレントに注目すべき

　PMからHRM、HCへという人事の歴史があり、また、ヒト・モノ・カネ・情報という経営資源の中で、主体となるのがモノ、カネからヒトへと移ってきた。さらに、欧米では人材の流出を止めたいという切羽詰まった事情が重なった。こうしてタレントマネジメントに行き着き、タレントを求める時代になった。

　「The War for Talent」をはじめ、世に出ている数少ないタレントマネジメントに関連する書物には、タレントマネジメントを後継者育成のためのサクセッションプランと位置づけているものもあれば、グローバル人材の育成・活用と定義したり、マネジャーのための才能発掘と述べていたりするものもある。

　確かにグローバルで展開する企業においては、グローバル人材育成は重要なテーマだろう。語学をはじめ、異文化への理解、海外の取引先との交渉力等は、日常の業務はもとより、海外で

の事業展開においては欠かせないタレントと言える。グローバルに対する取り組みは、いまの日本においても重要な取り組みと私も考えている。

　だが、このような一部の従業員を対象としたものでなく、それ以外の従業員においてもタレントに注目するマネジメントがこれからは求められる。

　私はいまの日本では、会社にかかわる全ての従業員・パート・アルバイトに至るまで、タレントマネジメントの対象として推進していくべきと考えている。

　詳細は後述するが、タレントマネジメントの源流となるアメリカと日本とでは市場環境・経済環境が異なる点が多くある。中でも労働人口の減少は、先進国の中でも日本独特の環境変化であり、その変化も顕著である。そしてこの変化は、これからの日本経済に対して大きな影響を及ぼすであろう。

　広大な土地や石油・鉱物などの経済資源の少ない日本において、労働人口の減少は、これからの経済発展において大きな足枷となる可能性が高い。そのため日本におけるタレントマネジメントは、一部の従業員に限定した人材マネジメント施策としてではなく、経済資源を有効活用する観点から、パートやアルバイトに至るまで、全ての従業員を対象として推進していく必要があると考えている。

　全ての従業員のタレントを可視化し、それを有効活用することで、会社には驚くほどの力がもたらされる。現在、苦境にぶつかり、出口を見つけられない会社にとって、そこから脱出するきっかけをつくってくれるものになるであろう。

図表1-4　日本でタレントマネジメントが必要な理由

市場環境・経済環境の変化

人口構造が変化、労働人口が減少	少子高齢化の進行で、生産年齢人口が急減。右肩上がりの成長モデルはもはや成り立たず、少数の人材で変化し続けるマーケットに対応しなければならない。
サービス産業の隆盛	戦後の重厚長大産業は軽薄短小産業に取って代わられたが、産業構造の変化はなお続き、サービス産業の隆盛による人手不足がいっそう深刻となる。
情報産業・IT化の急伸	サービス産業の中でも抜きん出て伸長しているのが情報産業。どの分野でもIT化は今後も進み、個人の発言力はより強くなっていく。
グローバル競争	国内の人口減のため日本企業は海外へ活路を求め、逆に海外からは日本の所得水準の高さをあてに企業が流入する。どこでもどの産業でもグローバル化は避けられない。
ダイバーシティ、ワーク・ライフ・バランス、トータル・リワードが浸透	働く形態や時間・動機・報酬の形は多様化し、人種や性別、ライフスタイル等、多彩なバックグラウンドを持つ人と働く機会が増え、より個人へ注目せざるを得なくなる。

人材マネジメントの変化

人材の"量"を前提としたマネジメント

↓

人材の"質"を前提としたマネジメント

タレントマネジメントの必要性

　タレントマネジメントとは、後継者やグローバル人材というごく一部の従業員の才能発掘だけでなく、また、マネジャークラスのためだけのものでもない。どのような従業員に対しても行うべきものであり、それがいまの日本の企業には必要なのである(図表1 - 4)。

人口構造が変化、労働人口が減少

○生産年齢人口が急速に減少している日本

　日本の少子高齢化については、これまで多くの専門家、メディアによって数限りなく取り上げられてきた。

　日本での老齢人口65歳以上の人口の割合(高齢化率)は年々増え、2005年に20％に達し、2012年には24.1％となった。人口の4人に1人がほぼ65歳以上になったのである。2025年には30％を超えると予想されている(図表1－5)。

　一方、戦後増え続けて来た15歳から64歳までの生産年齢人口の割合は、1992年の69.8％をピークに減少に転じ、2010年の国勢調査では63.8％となった。2020年には60％を割り込む見込みである。

　また、日本では人口そのものも減り続けている(図表1－5)。2010年をピークに減少に転じ、2014年9月時点で1億2740万人と算出されている。2030年には1億2000万人を割り込み、2050年には1億人を下回って9708万人に、さらに2060年には8674万人になると予想されている。

　人口自体が減り、生産年齢人口の割合が減れば、当然、生産年齢人口そのものの数も減少する。

　高齢化が日本の経済に与える影響は計り知れない。この高齢化と人口の減少は先進国の中でも日本に顕著に見られる現象である。

　65歳以上の人口と15～64歳の人口(現役世代)の比率を見る

図表1−5　高齢化の推移と将来推計

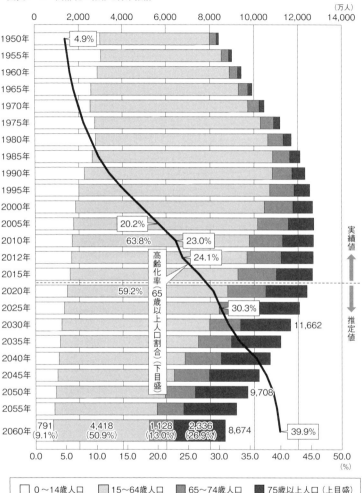

資料：2010年までは総務省「国勢調査」、2012年は総務省「人口推計」（2012年10月1日現在）、2015年以降は国立社会保障・人口問題研究所「日本の将来推計人口（2012年1月推計）」の出生中位・死亡中位仮定による推計結果
（注）1950年〜2010年の総数は年齢不詳を含む。高齢化率の算出には分母から年齢不詳を除いている。
（出典：内閣府）

図表1−6　65歳以上を支える15〜64歳の比率

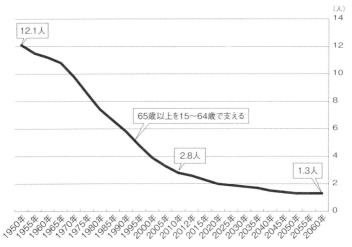

資料：2010年までは総務省「国勢調査」、2012年は総務省「人口推計」（2012年10月1日現在）、2015年以降は国立社会保障・人口問題研究所「将来推計人口（2012年1月推計）」の出生中位・死亡中位仮定による推計結果。
（出典：内閣府）

と、1950年には、1人の高齢人口に対して12.1人の現役世代がいた。だが、2010年には、高齢者1人に対して現役世代は2.8人に減少した。戦後すぐは12.1人で高齢者1人の面倒を見ることができたのに、いまは4分の1以下の2.8人で見なければならなくなったわけである（図表1−6）。

○そう遠くはない、現役世代1.4人で高齢者1人を支える時代

1947年から1949年に生まれた第1次ベビーブーム世代が65歳以上となった現在、いまの日本経済は何とか持ちこたえているというのが実情であろう。だが、今から約20年後の2036年、

1971年から1974年までに生まれた第2次ベビーブーム世代が65歳以上になった時、果たしてどうなっているのか。

　高齢人口と現役世代の比率は低下し続け、2060年には、1人の高齢人口に対して現役世代が1.3人になると予想されている。仮に、現役世代の幅を広げて15〜69歳とし、高齢者のほうも70歳以上に絞って計算し直しても、70歳以上の高齢人口1人に対して15〜69歳人口は1.7人だ。甘く見積もったとしても、高齢者1人を現役世代1.7人で支えなければならないという結果になる。

　もちろん少子高齢化、人口減は日本全国の問題であり、どのような産業であっても事情は同じである。既存の産業でも、また、ITのような新しい産業でも人口減に伴い「右肩上がり」を大前提とする成長モデルはもはや成り立たないといっても過言ではないだろう。

　人材が枯渇する中で、縮小しつつあるマーケットにどう挑むか。少ない労働人口をいかに活用するかが、いまも、そしてこれからも、企業にとって切実な問題となる。個人の力をいかに引き出し、活用するか。そこが注目される時代がやって来たのである。

サービス産業の隆盛

○1990年代、サービス業の就業人口が製造業を抜きトップに

　戦後、日本の復興に必要だったのが、重厚長大産業、またメ

ーカーと呼ばれる製造業である。

　中でも重要な素材のひとつが鉄だった。製鉄業から生まれる鉄骨は、船の建造、自動車の製造、ビルの建築、新しい工場の建設に使われ、日本の復興を担っていった。

　もうひとつ重要な素材が原油だ。原油から精製されるガソリン・重油・軽油等は、産業を生み出す工場を稼働させるための電気エネルギーの燃料となり、製造された製品を運ぶための燃料に用いられた。やはり原油を精製して得られるプラスチックは、家電や家具、日用品まで広く使われ、化学繊維も同様に多くの衣料品の原料となり、日本中に行きわたっていった。道路工事に使われるアスファルトも原油からつくられる。日本中を高速道路が結び、ヒトもモノも移動することがたやすくなった。他にもセメント産業、製紙産業、どれを見ても、一度に莫大な量がつくられ、そのために見上げるほどの巨大な設備が必要だった。

　この時代の主役は設備——モノであり、人事もまたその影響を受けざるを得なかったことはすでに述べた通りである。

　戦後、復興を目指した日本において、製造業は急速に伸びた産業だった。産業別人口の推移を見ると、1950年代は圧倒的に多数を占めていたのが農林業だったが、1960年代に入ると、製造業が農林業をあっさりと抜き、その後は、ずっと製造業が高度経済成長を担っていく。

　だが、もうひとつ製造業に並ぶ勢いで伸びていたのがサービス業である。

　1973年と1979年からのオイルショック、バブル崩壊に耐え

た日本の製造業だったが、長期的な産業構造の変化は避けられないものだった。1990年代に入ると、サービス業の就労人口は製造業を抜き去り、現在、日本国内でのサービス業に就く人口の占める割合は、全体の7割以上に及んでいる。

サービス業の大きな特徴は、その売上や利益が、投入する人材の量に比例しているということである。式で表せば、

人材量　×　時間　×　能力　＝売上・利益　となる。

このことからも明らかなように、産業人口の減少はサービス業にとっても深刻な問題と言える。

2014年末現在、飲食業、小売業等での深刻な人手不足の報道が相次いでいる。今後もそれが簡単に解消されるとは考えにくい。この分野の人手不足は、これからも長く続いていくだろう。

人材量が確保できないのであれば、いかに個々人の能力を有効的、かつ、効率的に活用できるか。そこが大きな課題となることは明らかである。

情報産業・IT化の急伸

○情報の価値を変えた情報産業

産業構造は変化し続け、中でもサービス業が抜きん出た日本の産業になったわけだが、さらにその中で、飛び抜けて躍進しているのが情報産業——いわゆるIT産業である。

1970年代から80年代にかけてはコンピュータ産業が盛んになり、研究所や工場、オフィス等仕事の場でコンピュータは普及していった。90年代になると個々人が使うコンピュータ——パソコンの普及が進み、それ自体、一大産業となってきたことは周知の事実である。

　だが、それまでのコンピュータやオフコン、パソコンはハード産業であり、製造業に分類される。当時、ソフトウエアの進化も目覚ましかったものの、それらが主役となるのは、90年代後半になり、インターネットが普及し始めてからであった。

　そしていま、ネットで探せば、欲しい情報、見つけたい情報が簡単に見つかる時代になった。

　当初、Yahoo!の分類インデックスによる検索が役立ったが、それを凌駕したのがGoogleだった。日常、使っている言葉を入力すれば、欲しい情報が即座に画面に出てくる。同じ検索でも従来のデータベースを扱うには厳密なルールがあり、少しでも外れていたら答えを出すことがなかった。従来の検索の概念を大きく変え、誰にでも使えるようにしたGoogleの検索機能は、インターネットを広く普及させるのに貢献した。

○さらにIT産業を発展させたスマートフォン

　その後のスマートフォンの登場は、そのようなIT産業の発展を大きく後押しした。スマートフォンにとって通話はごく一部の機能であり、実態は持ち歩けるパソコンである。人々は、思いついた時に気軽にポケットからスマートフォンを取り出し、ツイッター、フェイスブック等を通して遠く離れた人と交流す

る。一方的に送りつけるメールとは違い、それらSNSでは入力後、すぐに相手から回答や反応を得られることが多く、友人や知人が突如現れ、会話が続いていく。

メディアから同じ情報が一方的に大量に流れる時代は終わり、SNSにより、情報は受け手、送り手、双方向に流れるようになった。それも、1対1、1対多、多対多と組み合わせは無数である。まるで立ち話をするように遥か遠くの知人と会話をしたり、連絡を取り合えたりする。

これらSNSは、個人のアイディアからサービスが生まれ、開発され、ユーザーによる洗礼を受けて、磨かれ、アップデートされ続けている。あるものは廃れ、あるものは大きく発展していった。たったひとりのアイディアから生まれたサービスが、世界中に普及することも珍しくなくなった。

個人からいかにアイディアや力を引き出すか。これが、IT産業の最も大きな課題となった。

○他の産業にも影響を与えるIT産業

IT産業の発展は、他の産業へも大きな影響を及ぼしている。

IT産業、インターネットの普及と共に、広く普及したのがインターネットによる小売――ECだろう。サイトに掲載されている写真と仕様を見て商品を注文すれば、それが家まで届けられる。クレジットカードを持っていればネットで決済でき、いまでは他の決済方法も複数が揃っている。

また、商品を陳列したり、値をつけたり、決済したり、EC機能が揃ったサイトを利用すれば、誰にでも簡単にネット内に

店舗を持つことができるようになった。

　個人でも始めることができるが、日本では楽天のように個店を集めた巨大なECサイトにも発展した。また、アマゾンのように書籍のネット販売から始まり、いまでは雑貨・家電・文具等にその対象を広げ、なお、取り扱う品数も売上も急拡大しているECサイトも存在する。注文も、家や職場のパソコンからはもちろん、いまではスマートフォンでどこからでも簡単にできる。数日、早ければ翌日に家へ届けてもらえる。

　また昨今では、ネットスーパーも伸びている。スーパーマーケットの副業として始まったネットスーパーだが、こちらも急伸し、むしろ本業であるリアルな店舗での売上に悩む企業のほうが増えたのではないだろうか。ネットスーパーは、早ければ注文から数時間で家に商品を届けられるものもある。

○ITの技術が、価値を高め、合理化も進める

　このようにIT産業は、従来、第1次産業から第3次産業まで縦割りに分かれていた産業の境目を埋め、融合させる役割も果たしている。

　農業や漁業等第1次産業で進められているのが「6次産業化」である。農作物をつくったり、魚介類をとったりするだけでなく、それを加工して付加価値を加え、販売まで行う。第1次産業だけでなく、2次も3次も全てを取り込みひとつの産業として成り立ちつつある。

　農作物や魚介類はそのままでは高く売れず、相場次第で安値で取引される。相場が下落すれば利益がとれず、損害に泣かね

ばならない。だが、加工して付加価値を伴う商品にすれば、価格を自分で決めることができ、利益を確保できる。第1次産業の現場近くで加工や販売も一緒に行えば、製造・加工・販売そのものにかかる費用や、原材料・半製品・製品を流通させるコストを最小限に抑えることができる。

この「6次産業化」の背景にあるのがITの技術である。地方のJAや生産者団体が地域の特産物の販売を、自らECサイトを運営しながら行っている例は増えてきている。直売所などリアルな店舗を運営する地域の団体もまだ多いが、ここでもPOS管理などの販売管理や仕入管理にはITの技術が用いられている。従来はそのためのシステム導入に多額の費用がかかっていたが、最近では簡単な機能ならばパソコンやタブレット端末でできてしまうようにもなった。

農業そのものもITによって合理化が進められている。種や苗を植える時期、肥料の量や与える頻度、同じく農薬の使い方等、これまでは農協の営農指導を受けるかベテランに教わるしかなかった難しいノウハウ。この勘と経験の世界に、IT技術が科学の目を持ち込み始めた。

畑やビニルハウス内の温度や湿度、日照量を測定して、作物との生育との関連を探り、最も効率的に、収穫量が多くなる栽培方法が研究されている。

農業法人化も進み、資金力のある企業や、他分野から農業に参入してきた企業の中には、野菜工場を運営するところも現れた。屋内で水耕栽培の設備を整え、水や肥料を全て自動で与え、LEDの光で光合成を促す。どれも生育を見ながら、微妙な調

整が可能になっている。

　IT化は資金力のある法人ばかりではなく、個人経営の農家にも恩恵をもたらしている。畑や水田に防水防塵を施したパソコンやスマートフォンを持ち込み、肥料や農薬を施す度に記録してデータを蓄積する。家でデータを分析しながら、最小の作業で最大の効果が得られる農業を探る、若い農家が現れている。

　タブレット端末を使いこなしてリアルタイムで漁獲量を把握し、資源管理を行う漁業組合、GPSやリモートセンシングを駆使して状況・環境に応じた対策を立てる林業等、他の1次産業でもIT化は確実に進んでいる。

　2011年3月11日の東日本大震災では、福島第1原発から多量の放射性物質が環境中に放出された。福島県内には、大学の専門家を招いて地域の畑や水田の汚染状況を測定し、GPS技術を併用させてマップにまとめた生産者団体がある。従来は国や自治体でしかできなかった大掛かりな作業が、IT を使いこなせば、地域の1団体でできてしまう。

○下請けでも「ひとりメーカー」で高度なものづくりが可能に

　製造業では、ものづくりの技を誇っていた中小企業が、ITを活用して自ら製品を販売する例が目立ってきた。

　従来は大手企業のつくる製品の部品製造という下請けに甘んじていたが、大企業自体の経営が思わしくなく、部品の価格も買い叩かれる。自分たちでECサイトを立ち上げれば、もともと高い技術を持っているので、全国、時には世界からあらゆる注文が舞い込むようになった。依頼者からの注文内容に応じて

見積書をつくる。特定の企業から買い叩かれる下請けの立場ではなく、自分たちが自分たちの仕事に価格をつけられることが何より大きな成果であろう。

　製造業では、製造・加工・販売・流通等、どれも大量に行うことが、コストダウンの手段だった。だが、それもIT技術の応用で様変わりしている。

　「ひとりメーカー」が顕著な事例だろう。

　ネットで手に入る低価格、もしくは無料のCAD（設計ソフト）を使って製品の設計を行い、図面データを試作専門のサイトへ送れば、数日で試作品ができ上がる。試作は手元の3Dプリンターでプリントすれば、さらに時間も費用も節約でき、改善も容易にできる。完成した図面をもとに、各部品をそれぞれ製造が得意な工場で製造してもらい、組み立ても外注する。

　製造のために必要な資金は、ネットで賛同者を募るクラウドファンディングで集める。個人を対象とするため、銀行融資や株式を用いた資金調達のように一度に巨額な資金は得られないが、計画に魅力があれば世界中から資金を集めることもできる。

　販売に使うのはECサイトだが、いまでは倉庫を備え、在庫を預けるだけで、販売から発送まで全て任せられるサービスもある。売れればそのデータが直ちに届くので、それに基づいて補充をすれば良い。

　工場も倉庫もいらない。ITとそれに伴うサービスを使いこなせれば、かつては大手企業にしかできなかった高度なものづくりが、たったひとりでも可能になっている。

○人の基準も変えてしまったIT

　生活の隅々にまで入り込み、スマートフォンの普及でいつでもインターネットにつながっている環境が手に入った現在、IT化は従来の価値基準を大きく転換させた。人材マネジメントの領域において、何よりもまず大きく変わったのが、人材の優劣の基準だろう。

　以前は、"モノをよく知っている人"が評価された。だが、いまは単なる知識ならば、インターネットで検索すれば簡単に得られてしまう。

　もちろんインターネットの情報には間違いも多く、とんでもない情報がひとり歩きする例もある。また、インターネットにない情報もなお多い。製造現場の勘や経験等の暗黙知は代表的なものだろう。企業内でも明らかにできず、技術継承が多くの企業の重要な案件になっている。

　とは言え、毎日毎日、世界中から多くの情報がネットに出回り、人ひとりの頭にはとても収まり切らない量の知識が、世界中を駆け巡るようになった。かつてはひとつの情報を独り占めすれば、富を生み出すことができた。だが、現在では仮にあることを知っていたとしても、インターネットで調べて得られるような知識であれば全く価値はないと言っても良い。

　知っている、覚えている、知識量が豊富であることは、もはや優秀さを決めることにはならなくなった。知識の有無が人の優秀さを決めるのではなく、知識を組み合わせて答えを出す、解決策を提案する、そのような思考力を持つかどうかが、優秀さを決める基準となっている。

誰でも知り得る情報であっても、それらを組み合わせて全く新しい製品を企画する。あるいは、具体的に目の前にある問題、課題を解決できる。既知の情報であっても、それを組み合わせて、さらに別の高い価値をつくり上げられるかどうかが、優秀さの決め手になっている。

　設計から試作・資金集め・製造までネットで行う「ひとりメーカー」の例を紹介したが、大量生産された品であろうと、職人が1品1品手をかけてつくった製品であろうと、最終的には、製品の機能や使い勝手、あるいはデザインが気に入って、つまり、消費者が何らかの価値を感じ、さらに価格と天秤にかけて購入に至る。

　インターネットによって製造や流通、情報に垣根がなくなった現在、製品の価値とは、最初につくる製品のコンセプトと仕様にかかっている。つまり、人が生み出した考えや企画にある。

　部品や素材はネットを通して誰の手にも入る。設計、試作も生産も誰でもできる。そうであるからこそ、最後の「差」となって現れるのが人である。IT化が進めば進むほど、ITの手の届かない、人による「差」が優劣を決める。個人のタレントにこだわる理由がここにある。

グローバル競争

○海外へマーケットを求める日本企業

　日本でタレントマネジメントが必要とされるもうひとつの理

由は、国内企業のグローバル展開である。

 経済産業省がまとめた第43回「海外事業活動基本調査」によれば、日本企業による海外の現地法人数は、2012年度に2万3351社を数え、10年前の2003年の1万3875社の1.68倍になっている。

 そのうち製造業が1万425社と4割以上を占めるものの、10年前の2003年では7121社であり、比較すれば1.46倍の伸びに留まっている。

 その代わり伸びているのが非製造業。2012年度の非製造業の海外法人数は1万2926社であり、2003年の6748社の1.91倍という伸びだ。中でも目立つのが運輸業(2003年822社から2012年1322社へ)、卸売業(同3274社から6381社へ)、小売業(398社から705社へ)、そして、サービス業(772社から1918社へ)である。

 進出する地域は、過去には北米、中でもアメリカ合衆国が圧倒的に多く、2012年も依然2974社となっているが、著しく伸びているのがアジアである。2003年は7496社だったものが、2012年は1万5234社と2.0倍に伸び、その中でも中国は2975社から7700社と2.6倍に急伸している。

 海外へ進出する理由は各企業それぞれだろうが、一般的に言えるのは、既述のように日本で人口減は避けられず、長期的には国内マーケットは確実に縮小していくことにある。海外に新しい市場を見つけ、活路を見出そうというのが共通の理由だろう。

 またそのような中、生産拠点と新しいマーケットの両方を目

的に進出している場合もある。

　アジアに工場をつくれば、建設費は安く、操業開始後の労働力をはじめ運営コストも低く抑えることができる。現地でつくり、そこで製品を販売すれば、流通も合理的になる。雇用を生み出すことで、現地との結びつきも強固になる。特に経済発展が続くアジアでは、どのような製品やサービスがこれから求められるか──日本企業の経験を活かす場は多いはずである。

　小売業では、大手チェーンの海外進出が相次いでいる。

　かつて、1970年代、百貨店等が盛んに欧米へ向けて進出した例は多い。だが、これは日本の海外進出により現地で働くことになった日本人のための店、あるいは日本から観光旅行で訪れる日本人のための店だった。百貨店ばかりでなく大手スーパーやGMSも続き、欧米だけでなくアジアへの進出もあったが、これらも基本的には邦人利用を前提とした店である。これらは、1990年代前半、日本のバブル崩壊を期に、撤退が相次ぐこととなった。

　現在、進んでいるのは、その国の消費者を相手に店を開き、商品を販売する、文字通りの海外進出である。

　グローバル展開は大手企業だけに限らず、中小ベンチャー企業でも増えている。

○海外からの日本への逆流入も

　国内企業が海外進出するのと同時に、海外企業も日本のマーケットを狙っている。

　経済産業省による第46回「外資系企業動向調査」(2012年調査)

図表1-7　日本で事業展開する上での魅力（複数回答：上位5つまで）

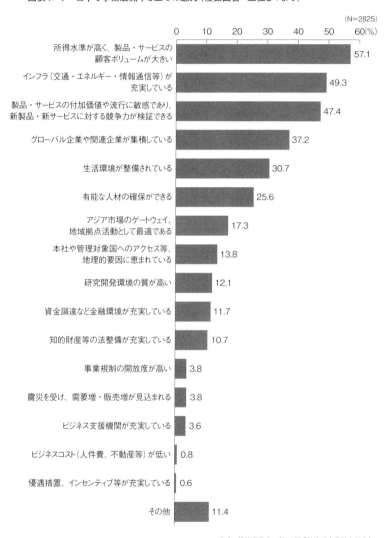

出典：経済産業省　第46回「外資系企業動向調査」

によれば、アメリカ系の企業の日本への進出は低下傾向にあるが、それに代わってヨーロッパ、アジア系の企業の進出の割合が上昇している。

　日本企業が海外へ進出するのは、国内の市場縮小のためだが、それならば、なぜ海外企業は日本を狙うのだろうか。

　同調査では、海外から日本に来る企業にアンケートをとっているが、その項目のひとつとして「日本で事業展開する上での魅力」を聞いている。その回答のトップが「所得水準が高く、製品・サービスの顧客ボリュームが大きい」である（図表1-7）。

　世界水準からすれば、日本人の購買力はまだまだ高い。海外企業にとって日本のマーケットはまだまだ魅力的であることがわかる。

　もうひとつ、海外の大手企業はグローバル展開を前提にビジネスを進めており、アジア全体をマーケットとして視野に入れている。日本はそこへ進出する拠点として有望視されている。同じアンケートの回答の2番目以降は、「インフラ（交通・エネルギー・情報通信等）が充実している」、「新製品・新サービスに対する競争力が検証できる」「グローバル企業や関連企業が集積している」「生活環境が整備されている」、そして「有能な人材の確保ができる」と続いている。これらはアジア進出の拠点としての日本の評価の高さを表している。

　「有能な人材の確保ができる」というところにも注目したい。海外企業もまた、日本人のタレントに期待しているのである。決して大げさな言い方ではなく、国土も資源も少ない日本で、日本人の持つタレントを可視化し、明らかにすると共に育成・

開発していくことは、日本が世界で生き残っていくために必要不可欠な要件になると言えるであろう。

○海外の人と仕事をすることが当たり前に

　日本国内の市場が縮小していくことはもはや避けられない。そして、たとえ日本にとどまっていたとしても、海外企業が日本へ進出してくる。国内のどのような業種のどのような企業であっても、何らかの形でのグローバル化は避けては通れない運命にある。

　海外の自社の拠点や取引先と連絡をとったり、あるいは交渉したり、原材料や半製品、製品を売買したりということがごく普通の業務になっていく。また、職場には外国人の同僚がいることが日常的な風景になるだろう。

　日本国内の人材をグローバルで活用する、また逆に、海外の人材を日本国内で活用する日本企業もこれからますます増えるだろう。日本の企業が、外国人を海外で雇うということはいまや日常になっている。

　国籍・文化・習慣・宗教・あらゆる文化的な背景を持つ人々と一緒に仕事をすることが珍しくない。日本人同士ならば言葉にしなくても通じていた常識や規範も、外国人相手には通じない。考え方や価値観の違いを認め合いながら、意思の疎通を図り、仕事を進めなければならない。

　また、日本人も含め、それら多様な文化を背景に持つ、多様な国々の従業員のひとりひとりが持っている能力やスキル、経験、さらに価値観・文化・考え方を活かさなければビジネスは

成り立たない。そんな時代が来ているのである。

ダイバーシティ、ワーク・ライフ・バランス、トータル・リワードが浸透

○多様性に対応したダイバーシティ

　多様性を認めようという動きは、国をあげての取り組みになっている。

　ダイバーシティとは、もともとアメリカで、アフリカ系やアジア系等の人種的なマイノリティや、女性への雇用差別や処遇の改善を目的に、雇用の機会均等を目指す言葉として使われていた。現在では、人種や性別はもちろん、宗教・価値観・障がいの有無・年齢・ライフスタイル等、あらゆる事項で多様性を認めようという概念となり、さらに日本では、正社員や派遣、アルバイトやパート等、「多様な働き方」を認める考え方としても使われている。

　アメリカでは、人権問題から端を発した概念だったが、日本では、少子高齢化で労働力人口が減少し、人材をいかに確保するかという、切実な問題の解決手段として、官民あげてダイバーシティへの取り組みが進められている。例えば、経済産業省では2012年から「ダイバーシティ経営企業100選」（経済産業大臣表彰）を実施している。実際、国内でダイバーシティに取り組む企業は増えている。

○仕事も家庭も両立させるワーク・ライフ・バランス

　日本では、ワーク・ライフ・バランス(work-life balance)を考慮した働き方も進んでいる。

　直訳すれば、「仕事と生活の調和」となるが、仕事ばかりでなく、家庭でも、また、地域でも充実した人生を送ろうという考え方である。

　仕事ができる時には仕事に集中する。だが、子どもができて子育てに忙しくなれば、一時的に仕事を離れて子育てに集中する。親の介護も同様だろう。仕事についても家庭についても、一定の期間内、数ヵ月、数週間、数日、あるいは時間単位で、集中しなければならない時に集中し、もう一方には、別の期間、日、時間を割り当てる。凸凹を設けながらもトータルでバランスをとり、仕事も家庭も両立させようという考え方である。

　個別の事情により、仕事では正社員として働いたり、長期の休みをとったり、また、パートタイマーとして働いたり、再び正社員に戻って働いたりと、人生の各段階に応じて多様な生き方、働き方ができるようにしようということである。

○非金銭的報酬を組み込んだトータル・リワード

　多様な価値観、多様なライフスタイルに応じて、企業の中にはトータル・リワード(total reward)を制度として採り入れているところも増えている。従業員に対する報酬(リワード)を、金銭的な報酬だけでなく、非金銭的な報酬も含めて、それらをバランスよく組み立てる仕組みである。

　働きやすい環境を整えることはもちろん、実績をあげた従業

員には昇給昇格だけではなく、希望のポストに就くことができたり、能力やキャリアを開発できる機会が与えられたり、また、あるいは長期の休暇や海外での学習機会等を与えたりする。金銭的な報酬以外の総合的な仕事へのやりがい、働く意欲を引き出す目的がある。

　ダイバーシティやワーク・ライフ・バランス、トータル・リワードは、単なる福利厚生を充実させる取り組みではない。また、機会均等という人事部門の施策のひとつにとどまるものでもない。経営に直結した人材活用の戦略である。
　一部には、従業員への迎合と考えている経営者はまだ存在するが、決してそうではない。
　既述のように、日本のグローバル化は避けがたい。また、日本人の中でも世代により仕事への姿勢は大きく違う。一律の仕事のために、一律の教育を行い、一律の評価をしているだけならば人はついて来ず、これからのビジネスは成り立たない。従業員ひとりひとりの違い──人種や性別・宗教・価値観・障害の有無・年齢・ライフスタイル・仕事観・労働観・働き方、もちろん能力・スキル・実績等も含めて正確に把握し、その人の能力を最大限引き出すよう、ひとりひとりに最適な教育や仕事のあり方を探る必要がある。
　従業員がいま持っているスキルだけでなく、潜在的な能力も把握して、それを引き出す環境を整え、教育を行い、経験する機会を与える。そうして初めて競争力を持つ企業となり得る。
　従業員個々人を理解し、活用できるかどうかが、将来の企業

図表1−8　就職観の推移（2001年卒〜2015年卒）

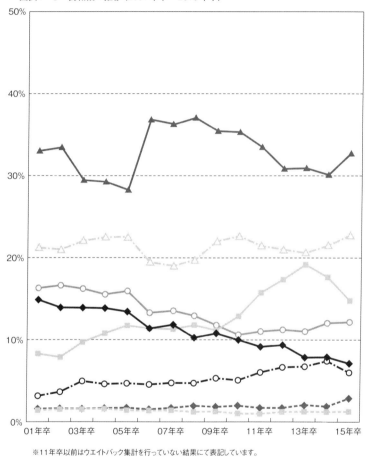

※11年卒以前はウエイトバック集計を行っていない結果にて表記しています。

- ---◆--- 収入さえあれば良い
- —◆— プライドの持てる仕事をしたい
- —▲— 楽しく働きたい
- —■— 人のためになる仕事をしたい
- —○— 自分の夢のために働きたい
- ---■--- 出世したい
- ---△--- 個人の生活と仕事を両立させたい
- ---○--- 社会に貢献したい

出典：マイナビ「2015年卒マイナビ大学生就職意識調査」 ©2014 Mynavi Corporation 2P

の生き残りを決めると言っても過言ではない。

労働価値、就業価値の変化

○仕事よりも個人の生活が大事

　少子高齢化・IT化の波・グローバル化、これらは誰の目から見ても明らかな変化だろうが、もうひとつ、日本で進んでいる大きな変化に触れざるを得ない。さまざまな企業の従業員を見ていて痛切に感じることであるが、特に若い従業員の、働くことに対する意義や意味が大きく変わり始めている。

　「楽しく働きたい」

　人材情報サービスのマイナビが毎年行っている「大学生就職意識調査」(図表1－8)によれば、2015年就職予定の学生に「あなたの就職観」を聞いた時の回答のトップがこの「楽しく働きたい」だった。32.7%と群を抜いている。この傾向は、実は調査が始まった2000年前後から続いており、「楽しく働きたい」は、毎年3割前後の回答を得続けている。

　誰でも、苦しいまま働き続けることは嫌に決まっている。「楽しく働きたい」という願望は、普遍的な願いにも思える。

　だが、今回、回答で2番目に多かったのが「個人の生活と仕事を両立させたい」。また、同じアンケートでは別の設問として「行きたくない会社」(図表1－9)を聞いており、そこでの回答の1位が「暗い雰囲気の会社」の36.3%、2位が「ノルマのきつそうな会社」の31.8%、そして3位が「休日・休暇がとれ

図表1-9 行きたくない会社（2001年卒〜2015年卒）

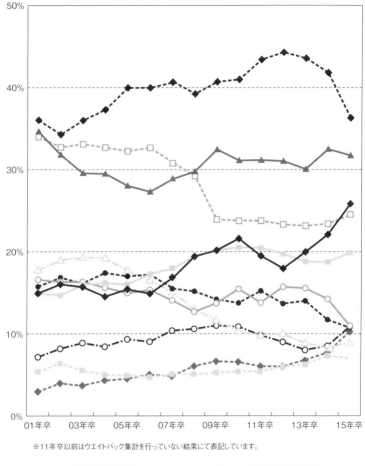

※11年卒以前はウエイトバック集計を行っていない結果にて表記しています。

出典：マイナビ「2015年卒マイナビ大学生就職意識調査」 ©2014 Mynavi Corporation 6P

ない(少ない)会社」の25.8%、4位が「仕事の内容が面白くない会社」(24.5%)と続いている。

これらを考え合わせれば、ここ最近の世代の独特の傾向が浮かび上がってくるように思われる。やや乱暴かもしれないが、私がコンサルティングにかかわる中で感じている実感値も加えて言うと、ひとことで言えば、「仕事はそこそこ楽しくやれる範囲でやり、個人の生活を大事にしたい」ということではないだろうか。この傾向はここ10年ほど続いていて、20代から30代の従業員の層に見られる。

「就職観」の設問に戻り、中位の回答を見ると、「人のためになる仕事をしたい」(14.8%)、「プライドの持てる仕事をしたい」(7.2%)は下降傾向にある。

下位の回答では、最下位が「出世したい」(1.3%)、下から2番目が「収入さえあれば良い」(2.9%)となっており、20代から30代の人にとって、出世や収入は仕事の主要な目的にはなっていない。

少なくとも、高度成長期に、是が非でも出世して責任のある仕事をして、高い給料をもらい、人生で最も大事なことは仕事、と懸命に働いてきた現在の経営者層の世代とは「就職観」に大きな隔たりがあることは明らかだろう。事実、私もクライアント先で、何につけても仕事第一の経営者層や管理職層が、若い従業員たちの仕事への姿勢を嘆く言葉を何度も聞いてきた。

これら世代の「就職観」の違いは、まさに日本の経済成長の変化を反映したものだろう。そして、この傾向はこの先も続く

図表1−10 あなたは現在の仕事にやりがいを感じていますか（ひとつだけ選択）

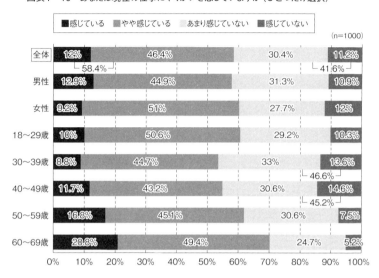

出典：日本能率協会「ビジネスパーソン1000人調査」

と思われる。2009 〜 2017年に大学を卒業して社会に出る層はゆとり世代と言われ、他人との競争よりも個性や協調を重んじると言われている。こと競争環境においては、今後も少子化が顕著になり、進学や離職といった節目でこれまでのような競争に晒される環境は減っていく傾向にある。

　世代をひとくくりで語ってしまうことには抵抗がある。また、ゆとり世代については諸説があり、簡単に評価を下すようなことはしたくない。しかし、「就職観」は確実に変化してきており、世代間でその「就職観」は異なっている。そして、企業の中ではこの「就職観」の異なる世代が混在しているのである。

図表1−11　現在の仕事は自分の能力を発揮できていると思いますか（ひとつだけ選択）

■そう思う　■ややそう思う　■あまりそう思わない　■そう思わない

(n=1000)

	そう思う	ややそう思う	あまりそう思わない	そう思わない
全体	10.1%	45.1%	34.0%	10.8%
	└ 55.2% ┘		└ 44.8% ┘	
男性	10.4%	44.5%	34.2%	10.9%
女性	9.2%	47.0%	33.3%	10.4%
18〜29歳	8.9%	46.5%	36.2%	8.5%
30〜39歳	7.0%	46.9%	34.1%	12.1%
			└ 46.2% ┘	
40〜49歳	7.3%	41.3%	36.9%	14.6%
			└ 51.5% ┘	
50〜59歳	13.9%	45.1%	31.2%	9.8%
60〜69歳	24.7%	44.2%	24.7%	6.5%

出典：日本能率協会「ビジネスパーソン1000人調査」

○能力を発揮し切れていない30代40代

次のようなデータもある。

2013年、日本能率協会は「ビジネスパーソン1000人調査」（図表1−10）として、夏と秋の2回、それぞれ「職場に関する意識」と「働き方に関する意識」を調査している。そのうちの第1回、2013年6月に行われた「働き方に関する意識」では、仕事のやりがいを聞いている。

そこでは18歳から69歳までの各世代のビジネスパーソンから回答を得ているのだが、特に30代と40代で、仕事にやりがいを「感じている」と「やや感じている」と答えた人の合計は

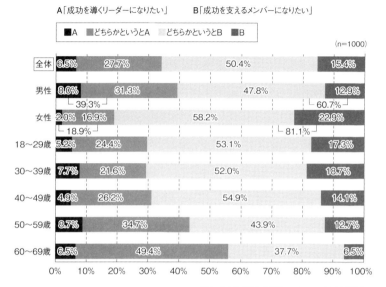

50％強、逆に「あまり感じていない」と「感じていない」の合計が50％弱と、ほぼ半々の割合になっている。

　他の世代では、それぞれ6割以上が仕事のやりがいを感じており、30代と40代の仕事へのやりがいの低さが目立っている。

　また、「現在の仕事は自分の能力を発揮できていると思いますか」という質問に対しては、特に40代の「そう思う」と「ややそう思う」の合計が50％を割っており、ここでも他の世代との差が浮き彫りになっている(図表1 - 11)。

　体力もあり、一人前となって仕事をこなせるようになる30代、

また、部下を持ち、組織の中堅としてバリバリ仕事をこなしていそうな40代の従業員が、仕事のやりがいを感じられず、自分の能力を発揮できていないと思っていることには、注意を払うべきだろう。
　「リーダーになりたい」か、「メンバーになりたい」かを聞いた設問の結果が興味深い。50代で「リーダーになりたい」と答えた人は43.4％、60代では55.9％なのに比べ、30代は29.3％、40代では31.1％と大きな差が出ている（図表1－12）。

　「働き方に関する意識」調査では、特に個人的な生活についての姿勢を聞いた設問は見当たらない。そのため、これらの回答だけで「就職観」や「就業観」を結論づけることは難しい。ただ、「就職観」や「就業観」は変化し、多様化している。これは、世代別によるものなのか、また年を経て変化するものなのかは別にしても、これまでのように一定の基準で大量に人を採用し、ふるいにかけ、ある程度の質と量の人材が残ればそれで良いといった人材マネジメントは効かなくなってきていることを意味しているのではないだろうか。前述の通り、日本はこれから本格的な少子化を迎える。直近でも人材の確保に苦しんでいる企業は数多くある。このことから考えても、十把一絡げの人材マネジメントから個々人を見た人材マネジメント、つまりタレントマネジメントへ転換していくことが求められると言えるだろう。
　就職活動時によく使われる言葉に「就職」と「就社」という言葉がある。どこの会社に入社したいかではなく、どういった

職業に就きたいかを考え、就職活動を行うべきであるといった就職活動における基本的な考え方を表現する際に用いられている言葉である。欧米では日本とは異なり、古くから学生時代の早期に自らのキャリアについて考える機会があり、学生側も自らのキャリアを前提に学校や会社の選択を行っている。

　しかし、日本ではこの「就職」「就社」という言葉そのものが用いられているように、就職観や就業観に対して欧米とは異なる意識が少なからずある。

　労働人口の変化、サービス産業の隆盛、情報産業・IT化の急伸、グローバル化。そして働く人の意識の違い。世界で活躍する企業と戦っていくことが求められつつも、日本にはこのような独特の環境が存在する。タレントマネジメントの源流であるアメリカの考え方を受け入れつつも、日本においては日本独特のタレントマネジメントの推進の仕方やあり方が存在すると私は考えている。

4. まだまだ浸透が浅い日本企業

欧米にはあった個への認識、10年遅れて日本に

○日本でも個人のタレントが求められる時代に

　実際のところ、現在の日本企業では、タレントマネジメントへの取り組みはどれほど進んでいるのだろうか。

　欧米では、人権意識が高く、個人を単位に社会が成り立っていることが大前提としてある。個々人は自分のキャリアを自分でつくっていくことを意識し、そのため転職を繰り返し、社会もそれを認めている。また、そのような状況を前提とした仲間同士の情報交換に始まり、転職のための制度や専門会社、ヘッドハンティング会社の活動は盛んで、転職市場ともいうべきマーケットが発達している。

　ダイバーシティも、アメリカで進んだ概念であり、多民族国家であり、人種・性別・年齢等による差別には非常に敏感である。日本の履歴書にあたる職務経歴書には写真を掲載しないし、年齢も記述しない。その代わり、職務経歴書には職歴だけでなく、大学のインターンの経験やボランティア活動まで、アピールできることは幅広く書く。日本に比べて、労働者としての権

利意識や個人の意識はかなり高い。

　日本では、会社という組織に就職し、そこで長く過ごす終身雇用制が主だった。一律に採用され、同じ教育を受け、同じ基準で評価されるのが当然だった。だが、そんな日本にもIT化、グローバル化の波が押し寄せ、時代は個人を求めるようになった。およそ10年遅れで、いま、日本でもタレントマネジメントの必要性が高まっている。

タレントがわかりやすいIT業界では浸透

○プログラミング言語がIT業界ではひとつのタレント

　日本で、個人のタレントを意識した仕事の組み立てをしているのは、やはりIT業界だろう。この業界では、個人のアイディアから商品やサービス、事業が生み出されてきたことにはすでに何度か触れてきた。IT業界には、他にもタレントを把握しやすい事情があり、それをもとに個人をマネジメントするという発想が早くからあった。

　IT業界において代表的なタレントは、プログラミング言語に対する経験であろう。かつて重厚長大産業の時代には、大型のコンピュータやオフコンのプログラミングのための言語が重視されたが、現在、プログラミングの舞台はパソコンやサーバへ移った。さらに昨今ではタブレットやスマートフォンへと急激に移行している。どのようなデバイスで、どのプログラミング言語を用いて仕事をしてきたか。それはIT業界内では共通の評価基準になっており、誰にとっても明白なタレントである。

そしてもうひとつが、携わってきた担当領域(業種・業態)である。

例えば、金融機関で外国為替の管理システムの開発を行ってきた。Webの購買システムを開発してきた。と言えば、おおよそやってきたこと、やれることの見当がつく。開発の規模や携わっていた年月、できあがったシステムの評価、利用状況等の情報を加えれば、次にどのようなプロジェクトで仕事が可能かがわかってくる。

IT業界の事情から推察すると、コンサルティングファーム等の労働集約型のナレッジビジネスに近い業種や業態は、比較的、タレントマネジメントのような仕組みが浸透していると考えられる。

大手は自社開発ツールとERPシステムですでに導入を開始

○企業活動の全体最適を図るERPシステム

日本でも大手企業では、自社で専用のシステムを開発して、人材管理の仕組みを採り入れているところがある。ただ、これらもタレントマネジメントを明確に意識してつくったり、運用していたりするわけではなく、評価制度、報酬制度、あるいは福利厚生制度等を管理・運用する仕組みのひとつとして採り入れている場合が多い。

また、ERPシステムを開発・提供する企業も、ERPシステムの一部の機能として人材管理の仕組みを加えた製品を展開し、

国内の大手企業への導入を行っている。

　ERPシステムは、Enterprise Resource Planningの名の通り、企業の持つ資金をはじめ、設備・資材・情報等の資源を一元的に管理し、企業活動の全体最適を図ることを目的とした仕組みである。人材もひとつの資源であり、人材管理もERPシステムの領域のひとつとして、もともと組み込まれていた。ERPシステムを提供するベンダー各社は、そこへさらにタレントマネジメントシステムを加えて普及を図っている。

　アメリカでは、タレントマネジメント専用のシステムを提供するSuccessFactors社やSilkRoad Technology社等があった。だが、SuccessFactors社はERPシステムを提供するドイツのSAP社に買収されている。ERPシステムを提供する各社は、タレントマネジメントを大きな商材としてとらえ、普及に力を入れている。現実に、アメリカでのERPシステムも含めたタレントマネジメントのシステム市場は急激に伸びている。

　タレントマネジメントの考え方が広く普及することは望ましいが、システムだけが先行することに、私は危惧を感じている。なぜなら、かえって弊害を生むことにもなりかねないからだ。

○形ばかりのシステム導入によって問題が生じることも

　業務を効率化するために導入したはずのシステムだが、システムには限界もあるため、業務もそれによって制約を受けてしまう場合がある。「システムで業務が規定される」という何ともおかしな弊害は、どの企業でも経験しているのではないだろ

うか。実は10数年前、日本のどの会社も競って導入したERPシステムで、そのような問題が生じて嘆いていた担当者を私は何人か知っている。

ERPとは、会社のリソースを一元管理しようという考え方や仕組みであり、必ずしもITシステムそのものを指すわけではない。つまり、ERPとは会社が持つ資源を総合的に管理・配分し、業務の効率化や経営の全体最適を目指す方法のことであり、情報システムのツールを指すわけではない。

だが、ERPのパッケージベンダーが提供する大掛かりなシステムばかりが注目され、日本ではどの会社も競って導入した。タレントマネジメントも現在、アメリカではシステム導入が先行している。日本でも、形ばかりの導入になってしまわないかと、私は危惧している。

システムを導入して従業員のタレントをデータベース化できれば、一部の限られた人間だけでなく、広く現場で利用できるようになるだろう。更新もたやすく、情報を絶えず新しく保つことが簡単にできるようになる。タレントマネジメントのシステムを導入するメリットは大きい。だが、それはタレントマネジメントを推進する明確な目的を持ち、手順を踏み、効果をもたらす人材マネジメントの仕組みを構築し、それらを理解し、運用した上でのことである。つまり、タレントマネジメントの本質を理解し、実現したい明確なゴールを持つことがタレントマネジメントには、欠かせない要件となる。

中堅企業こそ使いこなしたいタレントマネジメント

○中堅企業に有効なIT化とタレントの活用

　欧米の例にもれず、日本でも大手企業からタレントマネジメントが推進されている。確かに、大手企業では職場や職種が豊富で、多種多様な経験を提供でき、タレントマネジメントを始めやすい環境がある。また、タレントの育成や開発にもある程度の予算をとれるだろう。それを個々人に最適化することも、大手企業ならば比較的、実現しやすいであろう。

　だが、私はタレントマネジメントは日本の中堅企業にこそ必要と考えている。私が言う中堅企業とは、およそ100〜500名程度の従業員を抱え、さらなる成長を志向する企業(ミドルベンチャー)である。

　この規模の企業は、人事部があるようでなく、また、従業員のことがわかっているようでわかっていない場合が多い。前述の通り、これからの市場環境の中で勝ち残って行く上では、タレントの活用を避けて通ることができない。そのような中、この規模の会社は人事部がひとつの組織機能として確立しているわけではなく、総務部や場合によっては給与処理の観点から経理部を同じ部署として括られていることもある。

　このことから、人事を担う部署が、人材やタレントを活かすひとつの専門部隊として扱われておらず、戦略性や専門性はおろか、日々のルーチン業務に埋没しているケースが散見される。また、人事の把握においても、顔と名前が一致することで把握できていると誤認していることもある。無論、従業員のタレン

トを把握し、事業に活かすことやタレントを育成・開発していく取り組みも十分に行えていない場合が多い。

　人事や組織の未整備が、この規模の会社の成長や発展のボトルネックになっていることが少なくないのである。

人事はルーチンから抜け出し「戦略的人事」を

○枠にはまった仕事から経営戦略に沿った仕事へ

　現在の日本企業の人事部門と言えば、大中小を問わず、変わり映えのしない仕事を繰り返している、そのような印象を持っている人が多いのではないだろうか。

　採用や教育等の年間で決められたスケジュールをこなし、仕事は半ばルーチンワーク化している。時折、突発的な仕事が入るが、それは従業員が長期欠席しているとか、誰それがうつ病になったとか、あるいはセクハラ、パワハラが起きたとか、極めて重要度も緊急度も高いが、どちらかと言うとマイナスをゼロに戻す仕事である。その処理にかかわっているうちに時間が過ぎ、毎日が過ぎていく。まさに処理を繰り返す感覚になり、長期的な視点を持とうにも持ちようがなくなる。

　これらの仕事は非常に重要である。だが、人事とは本来、そのような決まりきったルーチンワークをこなすことが役割ではない。人事を枠にはまった仕事ととらえているのであれば、それはかつて日本の経済が重厚長大産業で急成長していた時の名残りだろう。一律に人を採用し、一律に教育し、一律に評価する。巨大な設備を確実に動かすように、当時の人事部門は組織

の歯車のひとつとなり、決められたプロセスを間違いなく動かす人材をつくることが役割だった。

だが、いまは違う。

会社の経営戦略を念頭に、有効なビジネスの仕組みをつくるために、人材、つまりタレントを揃える。次に始まる新規プロジェクトのためだけでなく、5年後、10年後に会社が携わっている主要な事業を動かすためのタレントをいまから探し、育成し、開発する。

現在あるタレントだけでなく、可能性も広く考慮して採用し、教育の計画を立て、たくさんの職種を経験してもらう。ひとりひとりの従業員と絶えず顔を合わせ、それらの人事施策の効果を確かめ、その人が最も成長できる道を探る。同時に、その人にとっての仕事のやりがいがどこにあるのかを考え、やりがいのある役割を与えることで人は仕事に報いようとする。従業員ひとりひとりの個の成長を見守りつつ、それを経営戦略とリンクさせ、事業全体を成功に導いていく。

人事とは「経営戦略」そのものと言っても過言ではない。

かたや会社の戦略を深く読み込み、かたや従業員のひとりひとりに可能な限り近づいていく。

「戦略的人事」――経営戦略を実現するための企業の業績に直結する人事、中長期的に組織の競争優位性を保持し続ける人事――を行ってこそ、人事という仕事のやりがいや価値が見えてくるのではないだろうか。

従業員の履歴書や職務経歴書はきちんとファイルされているだろうか。されていたとしても、従業員がどのような能力を持

っているのか、ページをめくって確かめたことはあるだろうか。多くの会社では、従業員の履歴書や職務経歴書は、キャビネットのただの荷物になっているのではないか。

　タレントマネジメントは、数ある人材マネジメントの考え方のひとつにすぎない。だが、人事の仕事そのものと価値を大きく変える可能性を持っている。

Chapter-2

タレントマネジメント実践編

1.

タレントマネジメントの全体像

タレントマネジメントが求められている背景の整理

○人材マネジメントの視点の変化・人と組織の関係性の変化

　Chapter-1では、人材マネジメントがタレントマネジメントにたどり着いた歴史と、なぜタレントマネジメントが求められているのかを背景から探ってきた。ここで再整理するとふたつの側面がある。

　ひとつの側面は、人材マネジメントの視点の変化と人と組織の関係性の変化だ。

　前述したように人材マネジメントは、PM(パーソネル・マネジメント、人事労務管理)から始まり、やがてHRM(ヒューマン・リソース・マネジメント、人的資源管理)へと変わり、そしてHC(ヒューマン・キャピタル、人的資産管理)へと視点が変化してきている。

　PMでは、人はコストであり、監視・管理しなければ怠ける、つまり、いかに無駄なく使うかという管理の対象だった。だが、HRMでは人材(ヒト)は、他の経営資源(モノ・カネ・情報)の活用を左右する重要な人的資源として育成する、またやる気を

引き出すという視点が生まれた。さらにHCでは、人材は消費する資源ではなく、個人の能力を磨くことでリターン、時にはこれまでに全くなかった新しいリターンを得られる人的資産と考えられるようになった。

　PM、HRMの時代は、会社が主であり従業員は従という「主従関係」が大前提だった。だが、HCの時代になると、人材は決まった枠組みで仕事をこなすビジネスモデルの一部品ではなく、会社を変える主体になる可能性を持った。従業員は会社に消費される資源ではなく、自らの能力を活かし、新しい製品やサービス・事業・価値を生み出していく主体――つまり資産となったのである。

　昨今、会社と従業員とは「主従関係」ではなく、対等な立場で相互理解し合う関係が求められている。この対等な立場での関係を強固なものにできれば、組織は強く、競争を勝ち抜ける力を得る。

　もうひとつの側面が、現在、日本で進む切実な市場環境・労働環境の変化だ。

　少子高齢化が進み、将来は深刻な人手不足が避けられない事態が迫っている。日本企業が海外へ進出したり、海外からの企業の流入が活発になったりする等、グローバリズムも急速に進んでいる。またIT企業が牽引する形で、日本の産業構造そのものが大きく変化した。

　これからは業界業種によらず、個人の能力を活用する。つまり、人材のタレントを活かし、開発し、育成していかなければ、

どの会社も生き残ってはいけない時代が訪れる。

　会社にとっては、従業員ひとりひとりが持っているタレントを見つけ、育成し、活用するという、人材のタレントに着眼したマネジメントはもはや不可欠なものになっているのである。

　従業員にとっても自らのタレントに気づき、育成してキャリアを築いていくことは必須となった。タレントマネジメントと呼ばれる人材マネジメントの考え方が、それを強力に支援するだろう。

　タレントマネジメントが浸透している会社では、従業員は現在の能力を磨き、それまで身につけていなかった能力が得られる。会社はそれを活用し、新しい、また今後の事業機会を得ることができるようになる。そして、従業員と会社との関係は強固なものになっていく。

　このように、人材マネジメントや市場環境・労働環境等、いくつかの要素が絡み合って発生した問題や課題に対する解決策として浮上してきたのが、タレントマネジメントである。

　会社と従業員の関係性を指す言葉に、エンゲージメントがある。エンゲージメントとは、会社と従業員が同等の立場であることを前提にした強固な関係性を指す。このエンゲージメントは、タレントマネジメントを推進していく上で重要なポイントになる。タレントマネジメントとエンゲージメントとの関係については、Chapter-3で詳しく触れていく。

○タレントマネジメントは人材マネジメント施策や会社のあり方そのものを大きく変える

　本章では、いよいよタレントマネジメントを現実の会社で進める方法について話を進める。

　と言っても、タレントマネジメントは形の決まった人事制度のことを指すわけではない。また、特別な仕掛けを意味するわけでもない。ましてやタレントマネジメントシステムと名のつくシステムを導入することでタレントマネジメントが実現するわけでもない。まず、この点を押さえておいて欲しい。

　タレントマネジメントとは、人材のタレントに着眼した、比較的新しい人材マネジメントの概念である。

　会社でタレントマネジメントに取り組むということは、特別な仕組みや仕掛け、新しいシステムを導入することではなく、既存の人材マネジメント施策にタレントマネジメントの考え方や要素を練り込んでいくことになると言ってもいいだろう。

　既存の人材マネジメント施策を、タレントマネジメントの考え方で、一度、見直す作業と言っても良いかもしれない。そして、施策面だけではなく、会社全体で従業員のタレントに着眼する文化や風土も醸成し、浸透させていくのである。

　すでにタレントマネジメントとは呼ばずとも、タレントマネジメント的な考え方や要素を採り入れながら人材マネジメントを行っている会社は多いだろう。普段の仕事の上でも、従業員の能力を意識しながら仕事の割り当てや配分、配置や異動等を進めている会社は数多く存在するはずだ。だが、多くの場合、それらの人材マネジメント施策は、従業員の能力を活かすこと

が目的というよりは、「会社」の目線から「個人」を活用することが主な目的になっているのではないだろうか。

タレントマネジメントとは、「会社」と「個人」の両方の目線から個人のタレントを活用することである。

タレントマネジメントを進めるには、既存の人材マネジメント施策や制度の中にその要素を盛り込んでいくことになる。これまでの人材マネジメント施策や制度そのもののあり方を大きく問い直す機会になるだろう。

そして、タレントマネジメントは、会社の中長期的な戦略、人材戦略にも密接にかかわってくる。会社や組織のあり方をも大きく変えてしまう可能性も持つのである。

タレントマネジメント実践の4つのフェーズ

○設計・活用・開発・運用の4つのフェーズがある

タレントマネジメントを推進するには、大きく「設計」「活用」「開発」「運用」の4つのフェーズを実行していくことになる(図表2-1)。

〈設計〉

「設計」とは、人材マネジメントの全体をタレントマネジメントの観点から設計することを指す。会社が個人のタレントをタレントマネジメントを行う本来の目的と照らし合わせながら定義し、活用の方法を具体化し設計する過程である。ここは、人事部門が担当するタレントマネジメントの戦略策定フェーズ

図表2-1　タレントマネジメント推進に向けた全体像①

設計	タレントマネジメントの全体像を設計(またメンテナンス)する ○タレントの活用方法を鑑みた上で、タレントを定義し、運用方法を含めた設計を行う。 ○新たに開発されたタレントを定義し、運用方法を含めたメンテナンスを行う。
活用	タレントの利用及び育成を行う ○定義されたタレントを、短期の目線・中長期の目線から、利用及び育成する。
開発	タレントの開発を行う ○初期に定義されたタレントだけでなく、新しいタレントの開発機会を創出し、新たなタレントを模索する。
運用	タレントマネジメントの仕組みや取り組みを実行する ○タレントの活用を通して変化(伸長・維持・減退)したタレント、また新しく開発されたタレントを、的確に把握し、最新の状態に保ち、活用を促す。

タレントマネジメントは、「設計」「活用」「開発」「運用」の4つのフェーズを回し続けることで成り立つ。

と言える。また環境の変化や会社の方向性の変化までに伴って微修正することも、このフェーズの役割である。

〈活用〉

「活用」とは、その名の通り、タレントを実際の仕事の場で活用することであり、利用したり、育成したりすることを指す。設計段階で定義されたタレントについて、目的にかなうよう現実の仕事でタレントを使っていく。

ここでポイントとなるのが、「会社」の目線、つまり会社が求めるタレントだけではなく、個人が自分の将来として描いている「個人」の目線(キャリアビジョン)も加味しつつ、タレン

トの活用を意識的に行うことである。「会社」と「個人」の両方の目線を持って人材マネジメントを進めるところがタレントマネジメントの大きな特徴である。

「活用」で重要な役割を担うのが、現場のタレントマネジャーである。タレントマネジャーとは、従業員ひとりひとりに日常的に接し、その人たちのタレントを的確に把握したり、評価したり、あるいは、発見したりする役割を担う。多くの場合、現場の係・課・部・本部の責任者が兼任することになるだろう。

〈開発〉

タレントは活用されている中で、新たなタレントが発見されたり、発掘されたりしていく。それがタレントの「開発」である。「開発」は、日常の仕事から生まれるばかりではなく、むしろ、普段にはない新しい機会を積極的に提供することで実現する。

これを担うのは、人事部門の役割であろう。それまでに経験したことのない仕事・役割・研修を機会として提供する。異動も従業員にとってはタレントを開発する新しい機会提供となる。現在の仕事をこなす観点と共に、当人のキャリア構築の支援も意識しながら人事部門は異動を計画する。新しい機会に接した時、人はそれまで見せてはいなかったタレントを発揮する。

浮かび上がってきた新しいタレントを最初に認識するのはタレントマネジャーだが、それをタレントとして定義し、全社的に共有できるものにするのは人事部門の役割となる。

本人さえ気づかなかったような、あるいは、会社が想定さえ

していなかったようなタレントを発見することは、タレントマネジメントの本質のひとつでもある。人事部門はそれを率先して行い、全社的なタレントの開発を絶えず促す役割を負っている。またこれらの取り組みは、ある個人の中に潜在的にあるタレントを発見するだけでなく、日常の仕事ではフォーカスが当たっていない個人の存在そのものを発見する機会にもつながる。

〈運用〉

運用とは、タレントマネジメントの考え方に沿って構築された人材マネジメントの仕組みや取り組みを実行することである。

タレントは、「活用」「開発」を通して変化が生じる。タレントが育成されて伸びていく場合もあれば、現状のまま維持される場合も、また逆に減退していくこともあるだろう。それらを的確に把握して、人事部門と共有して、情報を最新の状態に保つ。変化したタレントを前提に新しく活用方法や育成方法を考え直し、再び活用していく。

変化するタレントを最初に把握するのは、やはり現場のタレントマネジャーであろう。「開発」と同様に「運用」でも、常に各個人のタレントが、現在どういう状態にあるのか、変化し続けるタレントの情報を人事部門と共有していく必要がある。

○4つのフェーズは密接に絡み合っている

この4つのフェーズは、一度行って終わりではない。

図のように「設計」で定義されたタレントは、仕事の現場で「活用」され、どれほど育成されたのかが「運用」の段階で評

図表2-2　タレントマネジメント推進に向けた全体像②

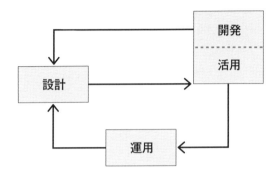

タレントマネジメントには、設計、活用、開発、そして設計へ戻るサイクルと、設計、活用、運用、設計へと戻るふたつのサイクルがある。

価される。タレントの状態により、そのタレントをいかに育成すべきかが再び「設計」段階で検討され、「活用」の場へ戻される。それを繰り返すことで、現存するタレントは磨かれていく。

　また、それとは別に、「活用」段階で新たに「開発」されたタレントについても「設計」へと戻され、定義され、再び「活用」へと戻されていく（図表2-2）。特に「開発」のフェーズは重要であり、人事部門ひいては経営者のコミットメントがなければ実現しない。なぜなら「開発」は、いま目の前にある事業とは全く無関係とまでは言わないまでも、場合によっては中長期を見据えた距離のある取り組みであり、まさに人的資産に対する投資的な活動になるからである。

　ふたつのサイクルを回し続けることで、現存するタレントが

活用され、一方で、新たなタレントが開発される。

　「設計」は、「運用」を受けてタレントを定義し直し、「活用」は「設計」で定義されたタレントに沿って文字通り活用する。「運用」段階でタレントの状態を把握して、再び「設計」へと戻す。「開発」されたタレントも同様である。「設計」へ戻してタレントを定義した後は、人事部門とタレントマネジャーが連携して「活用」「運用」「設計」のサイクルへと乗せる。それぞれの過程が、前の過程の結果を受けて、よりブラッシュアップさせていくところがポイントである。

　経営環境は絶えず変化し、求められるタレントも変わっていく。あるタレントを一度定義して活用し、育成に成功したとしても、経営環境の変化と共にタレントを定義し直さざるを得なかったり、あるタレントは不要になったり、またあるいは、全く別のタレントが必要になることも起こり得る。つまり、人材マネジメントそのものは動態モデルであり、常に変化することを前提に取り組んでいかなければならないのである。

　次より「設計」「活用」「運用」「開発」の手順を詳細に述べていく。

2.

設計

「設計」の全体像

○まず、タレントマネジメントを行う目的をはっきりさせる

　タレントマネジメントの「設計」とは、前段で解説した通り、その全体像を人材マネジメントの視点から設計することである。

　企業の戦略に沿いながら、どのようなタレントが求められるのか――活用を想定してタレントを具体化し、定義し、評価・配置・育成等の人材マネジメントの仕組みに落としこんでいく。また、一度タレントを定義し、タレントマネジメントを仕組みとして回し始めた後であっても、その後に続く活用によってタレントの修正が必要になったり、また全く別のタレントが新たに開発されたりすることもある。その場合も、ひとつひとつのタレントを再定義したり、新しく定義したりすることも設計で行う。活用方法を検討して、人材マネジメントの仕組みのメンテナンスも行う。設計は人事部門が担うのである。

　ところで、あなたの会社にとってのタレントとは何だろうか。

どの会社にも共通する、またどの会社にとっても普遍的なタレントが存在するわけではない。なぜなら、人材マネジメントは経営戦略と密接な関係にあるため、各社の経営戦略が異なれば人材マネジメントの方法も異なり、そしてタレントとして定義される内容も異なるはずだからである。

　同業種や同じような仕事であれば、類似したタレントが定義される可能性はある。だが、たとえ同業界、同業種であっても、同じ戦い方で成長できた時代はすでに昔のことである。各社は他社にはない独自性を追求し、市場で勝ち抜く術を模索している。将来ともなれば、その発展や成長の仕方は全く異なっていると言っても過言ではない。経営戦略も、当然それを反映したものになり、その経営戦略を実現するための人材マネジメントもまた、各社独自のものになるはずである。

　タレントマネジメントは、取り組む会社の考え方——経営戦略が色濃く反映されてこその人材マネジメントの考え方である。つまり、タレントの「開発」や「活用」も、その目的となる経営戦略やその戦略を実現するための人材マネジメント戦略によって大きく変わっていくのである。

　どのような会社でもタレントの手がかりとなる情報は社内のあちこちに散らばっており、そこから必要な情報を取捨選択することになる。当然、収集すべき情報は、初めに定める目的によって異なる。そもそも「目的」が定まっていなければ、取捨選択の基準がないに等しく、情報収集を始めることもできない。もし、存在する情報から収集したとしても使えないだけでなく、情報収集することが目的にもなりかねない。

タレントマネジメントを行う「目的」にはどのようなものが考えられるのか。そこから整理していこう。

○〈短期の目線——人材の適正配置、社内コラボレーション〉

　従業員の能力を十二分に活かしたい、人材の適材適所を実現したい——このような人材の適正配置に関する課題は、おそらくどのような会社でも抱えているのではないだろうか。

　会社規模が大きくなると、従業員個々人を見ることは難しくなり、また組織間の情報の行き来も難しくなる。場合によっては、セクショナリズムが発生することもある。さらに会社内に、職種や役割が増えれば増えるほど、従業員個々人の意思に沿わない異動や配置も少なからず発生する。

　タレントマネジメントを推進することで、従業員個々人のタレントを明らかにすると共に、キャリアビジョンやキャリアプランを可視化し、人材の適正配置を実現する。タレントマネジメントが人材の適正配置に関する課題解決の一助を担うであろう。

　社内コラボレーションを実現したい会社も多いだろう。ある経験を持った人の話を聞きたい、その経験を参考にしたいというニーズも社内にはある。

　社内で部署の枠を超えて、経験や知識——タレントを持つ人を探し出して、過去の経験を聞き出すことができれば、現在の目の前の仕事に大いに役立つだろう。仕事の質もスピードも大きく改善され、過去の失敗を繰り返すことはなくなり、事前に最善の対策も講じることができるだろう。また、新しい商品や

サービスを開発するためのプロジェクトチームをつくる際も、関連する知識や経験を持つ人はメンバーとして欠かせない。

だが、せっかくタレントを持つ人材がいても、社内で知られていなければ、そのタレントを持つ人材が存在していないに等しい。タレントマネジメントによって各人のタレントが可視化できれば、社内コラボレーションが進み、より効率的・効果的に仕事を進めることができるであろう。

人材の適正配置、社内コラボレーションは、「短期の目線」によるタレントマネジメントの活用の代表例である。

○〈中長期の目線——キャリアデザイン、サクセッションプラン〉

タレントマネジメントは、5年後・10年後の人材育成を目的に取り組む場合もある。中長期の目線にもとづくタレントマネジメントである。

一般の従業員にとっては、自分のキャリアをどう描いていくのか。数年後にどのような分野で、どのような役職に就いて働

図表2-3 タレントマネジメントの目的を定義するふたつの目線①

短期の目線	現在の事業や組織ニーズに対して、人的資産(タレント)の最適化を実現していくこと
	現在の事業や組織ニーズに対して、人的資産(タレント)に着眼して、その人的資産から新しい事業機会や解決策を生み出すこと
中長期の目線	中長期の戦略に沿って、人的資産(タレント)を事業や組織ニーズに応じて、活用(利用及び育成)・開発していくこと

タレントマネジメントには、大きく分けて「中長期の目線」による活用と、「短期の目線」の活用のふたつの活用がある。

いているのか。そのためどのような知識を得て、経験を積んでいるのか。個々人のキャリアデザインに沿って育成や配置を行うことは、中長期の目線にもとづくタレントマネジメントの代表例である。

次世代の経営者を育成することも、タレントマネジメントの重要な取り組みのうちのひとつである。優秀な人材を選び、特別な研修プログラムを受講させ、あらゆる部門を経験させていく。次世代経営者候補の育成、つまり、サクセッションプランである。これもまた、重要な中長期の目線にもとづくタレントマネジメントのあり方である。

図表2－4　タレントマネジメントの目的を定義するふたつの目線②

```
                    ┌─────┐
                    │ 組織 │
                    └─────┘
                       ↑
                       │   ○サクセッションプラン
                       │    （経営者候補の育成）
                       │   ○戦略的な人材育成
    ┌─────┐  ○人材の適正配置      ┌───────┐
    │短期的│←（全社及びグロー ○キャリア →│中長期的│
    └─────┘   バルでの最適化） プランニングの支援└───────┘
                       │
         ○社内コラボレーション
          （暗黙知の共有）
         ○商品・サービス開発に関する
          プロジェクトのアサイン
                       ↓
                    ┌─────┐
                    │ 個人 │
                    └─────┘
```

横軸に「短期的な目線」と「中長期的な目線」、縦軸に「組織」と「個人」の時間軸をとって、4象限でタレントマネジメントの目的を整理した。「中長期の目線」によるタレントマネジメントの活用目的には、次世代経営者候補の育成のためのサクセッションプランや、個々人のキャリアプランニングの支援、戦略的な人材育成等が、また、「短期の目線」で「現状」の会社の仕事を前提にしたタレントマネジメントの活用としては、社内コラボレーションの実現や、新規事業の開発、新製品の開発のためのプロジェクト推進等が考えられる。詳細は「3.活用・開発」（127ページ）より触れていく。

○個人──組織の軸でも目的を整理

 短期・中長期という時間軸でタレントマネジメントに取り組む「目的」を整理してきたが、もうひとつ、「組織」と「個人」のパフォーマンスという軸の存在も見えてくる。

 図表2－4は、横軸に短期的な目線と中長期的な目線を、縦軸に個人と組織をとって、タレントマネジメントに取り組む目的の代表例を、4象限に分けて整理したものである。

「短期の目線」によるタレントマネジメントが、図の左側である。

「組織」と「個人」の両方に関連するものに「人材の適正配置」があり、より「個人」に関連するものに「社内コラボレーション」がある。「商品・サービス開発に関するプロジェクトのアサイン」も「短期の目線」の「個人」に関連するものになる。

 図の右側は、「中長期の目線」によるタレントマネジメントである。「組織」に関連するものが「サクセッションプラン（経営者候補の育成）」であり、「組織」と「個人」の両方に関連するものが「キャリアプランニングの支援」となる。キャリアプランニングは個人に深く関連するものだが、組織のニーズと共に進めることで、キャリアプランを現実のものにすることができる。組織が一方的に、個人へ押しつけるのではない。また、その逆でもない。組織も個人も対等な立場で取り組むことが、タレントマネジメントの本質的な考え方であり、その考え方に沿って施策を講じることが施策を成功へと導くのである。

 もちろん、これらに限らず、タレントマネジメントを推進す

る目的は、各会社、組織で独自のものがある。また、同業界・同業種であっても、各社の戦略によって施策の内容が変わってくることはすでに述べた通りである。同じ「適正配置」であっても、その内容は各社各様であり、定義すべきタレントも違ってくるだろう。

　図表2－4のマトリクスによる整理は、あなたの会社組織が取り組むべきタレントマネジメントの「目的」をしっかりと見極めるためのフレームワークとして参考にすることができるであろう。短期——長期の時間軸、個人——組織の軸をあなたの会社にあてはめて、タレントマネジメントに取り組む目的を改めて考えて欲しい。

　目的がはっきりとしないタレントマネジメントは本来あり得ず、始めることはできないはずである。

　4象限の各施策の内容については、この章の「活用」で触れていきたい。また、組織と個人の新しい関係性についてはChapter-3で触れていく。

タレントに関する情報を社内から収集、一元管理する

○必要な情報だけを集める

　目的が定まった次の段階では、タレントに関する情報を社内から集め、一元管理を実現させる。この時、全ての情報を集める必要はない。まず、情報がどこにあるのか、その所在を把握する。把握した上で、前述した目的と照らし合わせながら、必要なタレントの情報だけを集めるのである。

図表2-5 どのような情報を収集～共有するのか

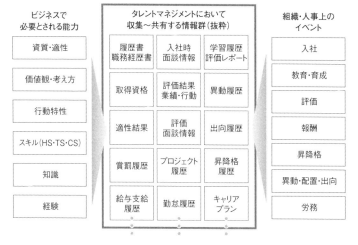

社内には豊富なタレント情報が存在する。その全てを把握した上で、必要な情報を取捨選択する。

社内にはどのような情報があるのだろうか。実は、タレントを表現する情報は会社内に豊富にある。それを示したのが図表2-5である。

○「ビジネスで必要とされる能力」から把握する

タレントに関する情報としてまず考えられるのが、「ビジネスで必要とされる能力」である。すでに社内――多くの場合、人事部門が集めているであろう情報である。図の左側に「ビジネスで必要とされる能力」として、「資質・適性」「価値観・考え方」「行動特性」「スキル(HS [ヒューマンスキル]・TS [テクニカルスキル]・CS [コンセプチュアルスキル])」「知識」「経

験」の6つをあげた。

〈ビジネスで必要とされる能力〉その1 「資質・適性」

「資質・適性」は、先天的、また場合によっては低年齢期に生まれ育つ環境の中で培われるものである。

ビジネスの場では、「営業の『資質・適性』がある」、「ITの『資質・適性』がある」と言うように、ある分野についてその「資質・適性」があるかどうかと評価に用いられることが多い。人事部門か、それぞれの部署に、従業員の「資質・適性」の評価情報があるであろう。またこの資質・適性(場合によっては素質と呼ばれることもある)は、基本的に先天的に形成されるものであるため、採用段階の見極め時にそれらの情報を収集している場合が多い。

〈ビジネスで必要とされる能力〉その2 「価値観・考え方」

「価値観・考え方」は、日常の生活を通して保護者に褒められたり叱られたりといったやりとりを繰り返す中で、「これは良い」「あれは悪い」と本人の判断が定まり、一定方向に形づくられるものである。

「資質・適性」と同様、その人の根幹にかかわるもので、前段の「資質・適性」同様に、入社時や転職時によく行われる適性検査等により、人事部門に情報が残されていることが多い。価値観・考え方は、学生から社会人へのステージの変化や、ライフイベント等を通して変化する。

〈ビジネスで必要とされる能力〉その3　「行動特性」

「行動特性」とはコンピテンシーとも呼ばれ、ある目的のためにその人がどのような行動をとる傾向にあるのかを示したものである。

優れた業績をあげている人の行動を細分化していけば、業績に直接関連するいくつかの特徴的な行動が見えてくる。それらの「行動特性」を評価項目にし、業績に直結する行動を促している会社は多い。これらの評価情報が人事部門か各部署に残されているはずであろう。

〈ビジネスで必要とされる能力〉その4　「スキル」

スキルには、ヒューマンスキル・テクニカルスキル・コンセプチュアルスキルの3つがあるとされる。

対人関係において発揮される能力をヒューマンスキル、ある特定分野の高い知識や技術をテクニカルスキル、物事を構造的にとらえ、複雑な事象を概念化することにより、物事の本質を把握し、解決する能力をコンセプチュアルスキルと言う。

例えば、さまざまなタイプの人へ臨機応変に対応する場合にはヒューマンスキルが求められ、あるシステムを構築する際にプログラムを書くといった場合にはテニカルスキルが求められる。また、新しい事業の企画や会社や組織に入り組んだ問題や課題を解決するためには、コンセプチュアルスキルが求められる。これらのスキルは、定期的に行う評価情報や研修等の人材育成の報告書やレポート、また採用時に用いている評価ツール等によって収集している情報があるだろう。

〈ビジネスで必要とされる能力〉その5　「知識」「経験」

ここまでのビジネスで必要とされる能力に加え、タレントを把握する上で重要な情報に「知識」と「経験」がある。

「知識」には、ある分野での活動や取り組みを通して、またあるいは免許や資格(及び検定)等の取得を通して得た、可視化・言語化して表現できるもの(形式知)と、可視化・言語化して表現できないものの、「経験」を通して得た知見(暗黙知)がある(図表2－6)。

図表2－6　形式知と暗黙知

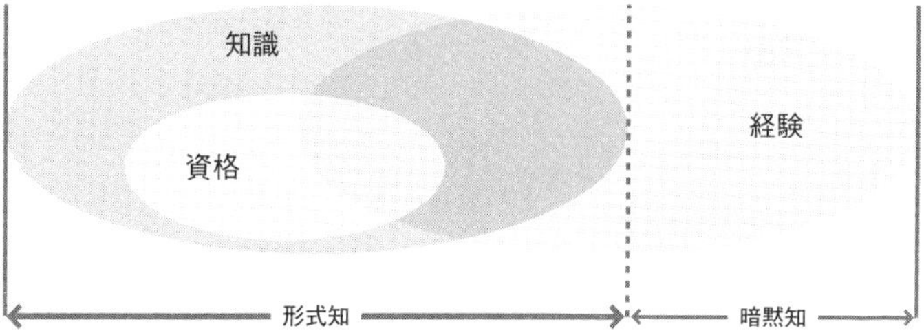

従業員が有している形式知と暗黙知を把握する上で、「知識」と「経験」に関する情報は、重要であると言える。

「スキル」「行動特性」「価値観・考え方」「資質・適性」についてはこれまで多くの診断ツールや検査、また評価のための手法が開発されてきた。あなたの会社でもそのうちのほとんどか、またあるいは一部を用いてきたのではないだろうか。「知識」「経験」に関しては、取得している資格、またこれまでの職歴や異動履歴等の情報があるであろう。タレントに関する情報収集は、採用時に行った試験や検査・面接時の評価・入社後は社内で行

った研修・各部署での定期的な評価・職歴や異動履歴等・人事部門はもとより、社内のあちこちに散らばっている情報を、まず把握するところから始める。もちろん、全てが揃っていない会社もあるだろう。ないものをいまから集める必要はない。

　ここでのポイントはふたつある。ひとつめは、いまあるものをまず把握することである。全てを網羅的に収集しようとすれば、それ自体が目的化してしまい、本末転倒になりかねない。いまある情報を把握して一元管理する。足りない情報については、後に目的と照らし合わせて検証した上で追加すればよい。

　ふたつめは、ビジネスで必要とされる能力の区分を明確に定義することである。本書では、前述の通り、「知識」「経験」「スキル」「行動特性」「価値観・考え方」「資質・適性」と区分して解説してきた。これらのビジネスに必要とされる能力は、それぞれの項目に対する論者や診断ツール・適性検査・評価のための手法によって区分がまちまちであると共に、重複している場合も多い。

　それぞれの項目に対する論者の考えにもとづく区分や診断ツールや検査、評価のための手法による区分を参考にしつつ、タレントの運用・管理の観点から考えながら、自社における区分を明確に定義すべきである。この区分が明確に定義されていない場合、一般の区分に振り回されてしまい、収拾がつかなくなることも少なくない。

○「組織や人事上のイベント」から把握する

　前述の通り、ビジネスで必要とされる能力は、「組織や人事

上のイベント」から把握することができる。

　入社時の診断ツールに始まり、教育・研修等の育成の場、上司と共に行う評価・評価により決まる報酬の情報・昇降格の履歴・異動や出向等の記録も社内に残されているであろう。勤怠等、労務管理上の情報もある。履歴書・職務経歴書、入社時の面談情報、研修等の学習履歴、評価レポート等、社内には実に豊富な情報がある。

　一般的に、これらの情報がひとつの部署にまとまって保存されていることは少なく、情報が分散している場合が多い。その理由は大きくふたつある。

　ひとつはそれぞれの運用・管理のサイクルが異なるためである。給与計算は毎月のことだが、研修等は年単位で計画される。また場合によっては、散発的に研修を行っている会社も少なくない。運用・管理サイクルがそもそも違い、また、各種の適性検査の結果やスキルの情報が直接給与に反映されるわけではないため、管理も別枠になっている場合が多い。

　もうひとつの理由は、これまで人材を資源としてとらえ、資産として管理されていないためと言ってもいいだろう。そのため、そもそも情報を蓄積・保持する概念がなく、その場限りの情報になっている場合が少なくない。

　最近では、HRMシステムを採り入れ、多くの情報を入力し、管理している会社は多くなったが、タレントに結びつく必要な情報が一元管理できているわけではない。ERPシステムの一部として広く普及してきたHRMシステムには、評価情報や報酬情報に加え、勤怠情報、休暇情報等多くの情報が入っている。

ここで収められている情報は豊富だが、これらはあくまで給与計算のための情報、つまり人材をコストとして管理把握する程度にとどまっている場合がほとんどである。HRMシステムは、人材を資源としてとらえるHRMの考え方がそのまま形になったものだからだろう。

　どのような研修を受けてきたかといった研修や教育の情報、異動してきた部署、賞罰の履歴等は、蓄積・保持していたとしてもそれぞれ別の場所に保管されていることが多い。人材を資源ではく、資産として考え、タレントを活用しようとするならば、研修や教育、異動の履歴等は重要になってくる。従業員の読む本をタレントのひとつとして考えている会社の例もある。福利厚生関連の情報にもタレントにつながる情報もある。システムに収まったきれいな情報だけでなく、キャビネットの隅でほこりをかぶっている古いファイリングボックスを引きずり出し、紙の情報まで把握する必要もある。

　ただし、不要な情報を集めるような無駄な労力を使わないためにも、また、特定の情報源だけによりかからず、幅広い情報源から本当に必要な情報だけを見落としなく集めるためにも、タレントマネジメントの目的を明らかにすることは重要である。当初のタレントマネジメントに取り組む「目的」を念頭に、図表2-5を参考にしながら社内の情報の所在を、一度、整理してみる必要がある。

　最後に、設計段階におけるタレントはふたつの目線から収集・定義する必要がある。つまり、これまでの経験の中で従業員が有しているものと、これから目指していくものである。

これまでの経験の中で有しているタレントは、すぐに使えるが、これから目指していくタレントは現状との差を埋める取り組みが必要になる。この、差を埋めるための取り組みは、次の活用・開発で解説する。ここでは現状のタレントとあるべきタレントのふたつを定義しなければいけないことを押さえておいていただきたい。これが、目的からタレントマネジメントを考えなければいけない大きな理由のひとつでもある。

3. 活用・開発

個人と組織の間で生まれる4つのタレントの状態

○仕事の現場でタレントを「活用」する

　タレントの「活用」とは、「設計」段階で定義されたタレントを、実際の仕事の現場で利用することである。個人の持つタレントに注目しながら、実際の仕事にあてはめ、文字通り活用していく。

　「活用」の過程で重要な役割を担うのが、現場のタレントマネジャーである。

　タレントマネジャーとは従業員ひとりひとりと日常的に接し、その人たちのタレントを的確に把握したり、評価したりする立場の人である。現場の係・課・部・本部の責任者が兼任することになるだろう。

　タレントマネジメントに取り組むには、最初に取り組むための「目的」をしっかり定めておく必要がある点については前述した。だが、仕事の現場では、個々の従業員が「目的」を満たすためのタレントを初めから備えているとは限らない。むしろ備えていないからタレントマネジメントに取り組む必要がある。

タレントマネジャーは、従業員ひとりひとりのタレントを「活用」しながら、その人のタレントがどれほどのものなのかを評価する。そして、その情報を人事部門へ伝え、人事部門と共にそのタレントをどのように向上させていくのか、また他のタレントをどのように習得させていくのかの手立てを講じる。つまり広義の育成である。

　人事部門とのやりとりだけではなく、タレントマネジャーは、これまで以上に、ひとりひとりの従業員と深く接していく必要がある。

　人材を資源としていたHRMの時代までは、会社が各従業員の役割を定め、それを担うための能力の向上を求めた。だが、人材を資産として考えるHCとなったいまは、タレントを育成することで会社が恩恵を受けるだけでなく、個々人にとっても自分のキャリアを築いていくために役立つものにならなければならない。

　会社からの一方的な命令、指示ではなく、会社と従業員とが話し合いながらお互いに納得ずくでタレントの育成を図っていく必要がある。それを進めていくのがタレントマネジャーである。

　タレントマネジャーは会社と個人の両方の視点を持ちながら、従業員ひとりひとりに合わせたワントゥワンマネジメントを行っていくのである。

○仕事の現場でタレントを「開発」する

　ある「目的」のために「設計」段階でタレントを定義し、活

用するが、従業員はタレントをすでに持っているかもしれないし、持っていないかもしれない。また、その「目的」の達成のためには、定義されたタレントばかりではなく、もっと他のタレントを定義する必要があると後からわかるかもしれない。

短期の目線に目的をおくのであれば、直近の課題に直結している場合も多く、必要なタレントをあらかじめ予測して定義することは比較的容易だろう。後に新しいタレントが必要とわかっても当初定めたタレントと大きなズレはないはずだ。

だが、目的が中長期的なものになれば、初めから"まだ見ぬ"タレントは多く、それらを積極的に発見したり、発掘したりする必要が出てくる。これが「開発」である。したがって、タレントの「開発」は2通りに分かれる。

ひとつは「目的」がはっきりしている場合である。次世代経営者候補の育成や人材の適正配置等がこれにあたる。ある「目的」のためのタレントマネジメントはすでに回り始め、ある程度のタレントも定義でき、現実に活用もされている。活用段階で「目的」を果たすために足りないことも見えてくる。現場でいつもタレントに接しているタレントマネジャーがそれに気づけば、人事部へ情報を共有し、そこで新たにタレントを定義していくことになる。

もうひとつのケースは、「目的」がはっきりしないタレントの開発である。これは現実的には非常に難しい。何に使えるかわからないタレント等、通常は見つけようもない。彼、または彼女が持っている特徴・特技・資格・経験は膨大でその中のどれがタレントになるのか。あまりにも多く、決めることはできない。

「目的」のはっきりしない中長期的なタレントの開発は人事部門の仕事になるのだが、まずは目的を明確に持ち、タレントマネジメントを推進すべきであるということは、前述の通りである。

○現存するタレントを活用する(開発が不要な場合)

　タレントを活用すると言ってもタレントには、いろいろな状態がある。定義されたタレントを現実に従業員が持っている状態、まだ、持っておらず育成しなければならない状態、そもそも定義されておらず従業員や会社が想定していない未知のタレ

図表2-7　個人と組織の間で発生するタレントの状態

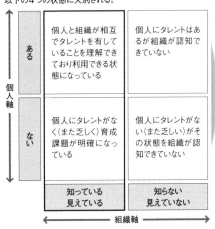

個人にタレントが「ある」、「ない」、組織がタレントを「わかっている」「わかっていない」によって、対応は変わってくる。

ントが存在する状態……。

タレントの置かれている状態は異なり、育成する方法もそれぞれ別のアプローチをとらなければならない。

「活用」の現場でタレントが現実に置かれている状態を分類・整理しながら、それぞれどのように対処し、育成を図っていくべきかを整理していく。

タレントがいまどのような状態にあるのか。大きく分類すると図表2－7のような4つの状態に分けられる。

縦軸に従業員個人から見た時のタレントの状態、横軸が会社組織から見た時のタレントの状態に区分する。

個人軸から見たタレントは、「ある」と、まだ「ない」のふたつに分かれる。また、組織軸から見たタレントは、組織が「知っている」もしくは「見えている」か、「知らない」もしくは「見えていない」に分かれる。「知っている」と「見えている」をまとめて「わかっている」とする。「知らない」と「見えていない」も「わかっていない」とする。

1) 個人と組織が相互にタレントを理解している場合

4つに分けた左上の部分が、個人がタレントを「持って」おり、組織もそれを「わかっている」状態である。

組織がタレントを「わかっている」、つまり、すでに「設計」段階でそのタレントを定義し、いかに活用していくか、の段階に入っていると言える。そして個人もそのタレントを持っているのであるならば、「目的」に沿ってすぐに活用できる。

図表2−7−1

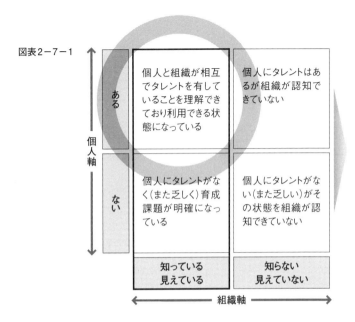

・「短期の目線」による活用

——その1「社内コラボレーションの推進」

いますぐに活用すべきタレントの例としてあげられるのが「社内コラボレーション」だろう。「設計」の過程で分類した「目的」のうち、「短期の目線」によるタレントマネジメントの代表的な活用例である。

ある取引先に自社のシステムを導入することになったが、状況が特殊だ。自社のシステムは耐えられるだろうか。例えばそのような疑問が生じた時、同じようなケースを過去に経験したことのある従業員を探し出すことができれば、事前に対策を練ることができるだろう。

各地で同じ製品を扱っている会社ならば、そのようなタレントを持つ従業員が本社の技術関係の部署か支店に必ずいるに違いない。だが一般的に、マネジャークラスの人材ですら、他部署にどのような従業員がいるのか、正確に知っているケースは極めて少ない。他部署がどのような仕事に取り組んでいるのか、ましてや他部署で働く従業員のタレントにはどのようなものがあるのかまでを意識しているマネジャーは全くと言っていいほどいないのが実態だ。

　個々の従業員がどのような能力を持ち、過去にどのような仕事に就き、経験を積んできたのか。全社的にそれらのタレント情報が記録され、引き出すことができれば、あるいはタレントマネジャーに依頼すれば合致する従業員をすぐに探し出してもらうことができれば、仕事の実現度やスピードは格段に違ってくる。仕事の効率を飛躍的に上げるだけでなく、仕事の質を高めたり、より発展させたりすることが可能になる。

　専門知識や経験を持つ人材ならば、疑問や要望の回答や解決方法を見つけてくれるだけでなく、付随して現れる他の問題を予想してくれたり、問題に対処するための別の専門家を紹介してくれたりもするだろう。問題のとらえ方がそもそも違っていることもある。ある分野に秀でたタレントを持つ人材たちと密なやりとりができれば、より本質的な問題に気づくこともできる。

　プロジェクトを主な運営形態とする組織ではタレントマネジメントはなおさら力を発揮する。

　新しい製品やサービスの開発を、関連する複数の部署から人

材を募って進める。開発に関連する技術・マーケティング・営業・販売の各部門の中から人材を選ぶ。このような時、ひとりひとりのタレント、つまり従業員の知識や経験、実績が明らかになっていれば、適任者を選ぶことができる。過去に同じような開発に携わった従業員がいれば、リーダー的な役割を期待できるだろう。

タレントマネジメントが社内で有効に機能していれば、プロジェクトを成功に導くことができるはずである。もちろんそれは、個々人のキャリアを築く上でもプラスになる。

図表2-8 タレントの活用（利用及び育成）

タレントの利用及び育成は以下の通り整理される。

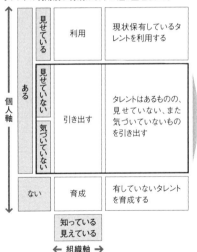

タレントを持っていたとしても、それを見せていたり、見せていなかったり、気づいていなかったり、という状態の違いで育成方法は変わってくる。

タレントマネジャーは、従業員ひとりひとりにそのタレントが「ある」か「ない」かを評価していくが、その時、隠れているタレントにも注意しなければならない。会社が求めているタレントを従業員は持っているにもかかわらず、見せていなかったり、従業員自身が気づいていなかったりすることがあるからである（図表2-8）。

　タレントマネジャーはそれを引き出し、人事部門と共有し、タレントが利用できる状態にする。その結果、全社的にそのタレントが知られることになれば、そのタレントは活用できる。また、ある従業員が特殊な技術を持っていることは間違いないが、それをどう表現すればいいのか、可視化・言語化できないケースもあるだろう。暗黙知と呼ばれる知識や技能は、会社で使える形式知に変えるため、以前からあらゆる試みがなされてきた。代表的なものがナレッジマネジメントである。

　タレントマネジメントにおける社内コラボレーションの推進では、ナレッジマネジメントの手法も併用しながら、暗黙知を形式知に変え、タレントとして定義していく必要があるだろう。暗黙知は必ずしも形式知化できるとは限らない。その場合には、これまでの職歴や異動履歴、プロジェクト履歴等の経験を示す情報を整備し、共有することが暗黙知の形式知化を補強するであろう。

　人材の持つ「知識」に注目して、それをマネジメントしようとしたのがナレッジマネジメントだが、知識を持つであろう「経験」を軸に「人材」に注目し、さらにそれを自らのキャリアに活かせるように従業員個人の視点からも見るのがタレントマネ

図表2-7-2

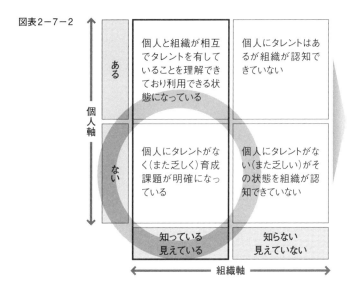

ジメントである。

2) 個人にタレントはないが、会社は課題が見えている場合

　会社が必要だと定義した「タレント」であっても、従業員がまだ備えていないことは多い。それを表したのが図表2－7－2の左下部分だ。

　会社は、あるタレントについて必要であると明確に定義した。だが、従業員はまだそれを持っていない。従業員にはいまはまだタレントは「ない」状態だが、会社組織もそのタレントが現在備わっておらず、これから必要であることが「わかっている」。

　ならば、そのタレントを育成しなければならない。

　タレントマネジャーは、タレントの状態を人事部門と共有し、

育成の方法を講じる必要がある。

・「短期の目線」による活用——その２　「人材の適正配置」

　タレントマネジメントの「短期の目線」の活用の代表例、「人材の適正配置」に取り組む際には、それぞれの部署は、組織全体の最適化の観点からどのような役割を担い、それらの部署では、そもそもどのような仕事が行われているのかを把握・分析するところから始める。本来担うべき役割が正しく担えているかどうか、適正に部署等で機能しているのかを把握・分析するのである。つまり、あるべき姿に沿った業務の適正化・標準化をまず行うのである。

　業務がどのようにつながり、ひとつの仕事として成り立っているのか。その流れをつかみ、分解したひとつひとつの業務を無駄のない形で再び組み立てていく。ある部分に著しく仕事の量が偏っていれば業務の再設計を行い、また場合によっては組織体制の見直しを図り、その山を崩し、谷を埋めるように作業量の平準化を図る。定型化できる業務であれば、外部へ委託することも考える。そしてそれぞれの部署で働く個々人が、現状どのような業務を行っているのか把握し、ひとつひとつの業務にかかる作業量や時間・難易度・専門性等を明らかにし、ひとつひとつの業務を分析、分類していく。

　業務や作業それ自体や、流れを理想的な形に整え、そこへ人材を再配置する。つまり、仕事をひとつひとつの業務にまで分解し、適正化・標準化した後、その業務をこなすためにはどのようなタレントが必要なのかを明確にするのである。

従業員が持っているタレントを明らかにし、求められているタレントと照らし合わせながら、過不足の実態を把握する。そして、不足している技術や技能があるならば、研修や配置転換等で補っていく。

　余談ではあるが、業務の最適化を考える場合には、業務の標準化と人材の適正配置は分けて考えなければならない。まず業務のあり方を整え、その整えた業務に対して人材を配置するのである。

　タレントマネジャーは、ひとりひとりの従業員と接しながら、タレントがいまどのような状態にあるのかを把握し、すぐに活用すべきか、育成すべきかを判断する。いまのタレントの状態ばかりではなく、ひとりひとりの従業員が、将来、何を伸ばしていけば良いのか、どのような能力を身につけ、どのような業務に就きたいのか。従業員のキャリアビジョンと照らし合わせながら配置を決定していく。

　会社にとって、従業員を最も活かせるような再配置が実現するだけではなく、個々の従業員が持っているキャリアビジョンの実現も加味して再配置を行うのである。「人材の適正配置」では、現在目の前で行っている仕事を対象にして再配置を行い、自らのキャリアビジョンとの整合性が明確になり、モチベーションも保ちやすい。

　タレントマネジメントでは、会社の視点と共に、従業員の視点も持ちながら、双方の合意と納得の上でタレントの育成を図っていく。両方の視点のタレントマネジメントによる「人材の適正配置」が実現すれば、会社と従業員のエンゲージメントは

高まり、仕事に対する生産性の向上も期待できる。

　会社の視点と共に、従業員の立場に立つことができれば、業務を大幅に改善できるだけでなく、組織をより強固にすることができるのである。

・「中長期の目線」による活用
——その1「キャリアデザイン」「サクセッションプラン」

　会社の中長期的な戦略を実現するために、従業員を育成していくことは、タレントマネジメントの「中長期の目線」の代表例である。

　これもまた図2－7－2の左下の部分に該当する。会社はそのタレントが絶対に必要であると明確に定義している。だが、従業員にはまだそれが備わっていない。よって、育成していくのである。

　5年後、10年後、会社は何をメインに事業を展開しているのか。会社の中長期的な戦略を念頭に、それに沿った従業員を探したり、育成したりすることを、時間をかけて行っていく。

　サクセッションプラン——次世代の経営者候補の育成は、中長期的な目線におけるタレントマネジメントの代表的な活用例である。会社の中で優秀な従業員を選び出し、教育を施し、複数の部署を経験させながら、5年、10年がかりで後継者として育てていく。

　現在、タレントマネジメントと言えば、このサクセッションプランを思い浮かべる人は多いようだ。だが、タレントマネジメントは次世代の経営者候補の育成とイコールではない。

会社の中長期的な戦略に照らし合わせながら、個々の従業員のタレントを伸ばし、育成していく。従業員の持つ現在の能力、実績、経験を明らかにしつつ、5年後、10年後にどのような人材を目指すのか、計画的に育成を図っていく。

　いま現在、その従業員が持っているタレントについてだけではない。将来はどの分野のタレントを伸ばしていくのか。会社の中長期的な戦略と照らし合わせながらそれを明らかにし、5年、10年をかけて、いまはないタレントも活かせるよう育成していくのである。

【事例】　医療業界における事例

　医療業界は医療という専門性を求められる一方で、病院や薬局といった組織を事業性の観点から運営することも求められている。そして昨今、高齢化や法改正等のあおりを受けて変化を求められている業界でもある。

　この医療業界において、具体的には、何がタレントマネジメントの「目的」となり、どのようなことがタレントとして浮かび上がってくるのか。当社が、タレントマネジメントのコンサルティングとしてかかわった、調剤薬局グループの事例を見ていく。

◇競争が激化する調剤薬局

　病院や診療所で医師の診察を受けた人が持ってくる処方箋をもとに、薬を調剤して渡すのが、調剤薬局の仕事である。

　薬で利益を得る構造を改めようと、医薬分業が進められたの

は戦後にまでさかのぼるが、実質的に進んだのは1990年代、それから20年あまりの間で独立した調剤薬局は増え、グループ企業化やM＆Aも進んでいる。いまも個人営業の調剤薬局はまだまだ多いが、グループ企業化が進み、大手企業と呼ばれるまでに成長した会社が増えたことで競争はより大規模になっている。

いかに競争が厳しいのか。それは、街の大手の病院や診療所の前を見れば一目瞭然だろう。門前薬局と呼ばれる調剤薬局がズラリと並び、病院や診療所から出てくる患者を待ち構えている。そして最近は、これまで市販薬(OTC)のみを扱っていたドラッグストアも店内に調剤機能を持って各地に進出してきたことで、競争はさらに激化している。

調剤という機能を持つことは、どの調剤薬局でも同じである。ならば、どのようにして患者に選んでもらえる存在になるかが勝負の分かれ目になる。

ある調剤薬局では、待っている患者相手にコーヒーを提供するサービスを始めた。また、ある薬局では昼どきにちょっとした軽食を配り始めた。

顧客は病院や診療所を訪れる近所に住む人ばかりでなく、働いている人たちも多い。昼休みに集中して押しかける傾向があり、待ち時間は長くなり、中には昼食を済ませていない人もいてイライラしがちだ。コーヒーや軽食の提供は、少しでもこのイライラを解消しようという試みだろう。いまはこれらのサービスが一定の差別化を生んでいる。

だが、いずれ、辺り一帯の調剤薬局が同じサービスを始める

だろう。無料で配る品物も徐々に高額になり、それを競うようになっていくことも容易に想像できる。エスカレートした先に何があるのか。均一競争の成れの果てはもう誰もが知っている。消耗して力尽きて誰かが音を上げるのを待つだけである。

　ならばどうすれば良いのか。均一競争ではない、独自のサービスを展開し、地域で独自の存在にならなければならない。そこで当社がコンサルティングした調剤薬局グループがとったのが、「マネジメントできる管理薬剤師」の育成であった。

◇マネジメントもできる管理薬剤師の育成
　管理薬剤師とは薬事法にもとづき、薬局や店舗を管理する責任者のことを指す。この調剤薬局グループでも、各薬局の管理責任は管理薬剤師が負い、薬を管理したり、適切に販売したり、専門的な立場から他の薬剤師をマネジメントすることは当然、行っていた。だが、同業者との競争を勝ち抜くための店舗運営となると、これまでの役割だけでは不十分であった。

　この調剤薬局グループが目指していたのは、CS（顧客満足）の向上であった。
　どの調剤薬局も薬を扱う医療分野の仕事の範囲を超えて、地域住民の健康の相談に乗ったり、病気の予防のための施策を講じたり、すでに病気を患ってしまった人をケアしたりと、生活支援や介護分野まで見渡しながら領域を広げていた。だが、どこが重要になるかは地域で異なっていた。
　どこに重きを置き、CSを展開するのか。管理薬剤師は他の

競合の動向を見ながら、自局の方針を定め、CSの向上を現実しなければならない。他の業種でいう店長やエリアマネジャーのような役割だが、管理薬剤師にはその力が備わっていなかった。そこで浮かび上がってきたのが、「マネジメントのできる管理薬剤師」の育成であった。

専門家としてこれまでスキルやキャリアを積んできた管理薬剤師がマネジメントを担うことはそう容易なことではなかった。まず、CSを向上させるというグループ全体の戦略を理解し、各薬局で行うべき具体的な施策を練る力を養った。CS向上の実現のため、顧客との接し方に始まり、部下とのコミュニケーションのとり方、チームとしての取り組み方等、まさに、マネジャーとして求められる極めて具体的なスキルが必要であり、それらをタレントとして定義した。

CSを向上させるというグループ全体の方針や経営戦略から、「マネジメントのできる管理薬剤師」の育成という人材戦略が導かれ、求めるタレントが具体化されていったわけである。

◇求められるタレントは、状況によって千差万別

CSについては、他の業界業種で多くの取り組みがなされ、当社でも過去にCS向上をテーマにコンサルティングに携わってきた豊富な経験があった。蓄積されていたノウハウを持ち込みつつ、調剤薬局という事業モデルに合わせて新しい人材育成の計画を作り込んでいった。

だが、「マネジメントのできる管理薬剤師」の育成は、そう容易でない。このグループにとって、グループ全体の独自の

CSを築いていくための第一歩にしかすぎない。

経営層は確固たる戦略を持ち、現場はそれに沿って従業員のタレントを磨いていく。グループ全体が同じ方向で動き出した時、初めてタレントマネジメントは機能し、従業員のタレントを磨くことが意味を持ち始めるのである。

当社では、幅広い業界業種の会社とタレントマネジメントに関する仕事をしている。どこも厳しい競争環境にあることは同じだが、何度も言うように、同じ業界業種であっても、競争をどう勝ち抜いていくか、道を切り開く方法は各社で異なっている。会社によって経営戦略や人事戦略は違い、また、タレントマネジメントを推進する目的も「短期の目線」「中長期の目線」と分類される。共通点はあっても、具体的な内容はひとつとして同じようなものはない。

競争の状況も地域によって異なり、しかも、刻々と変化していく。異なる状況ごとに異なる戦略があり、異なるタレントが求められている。

○タレントを開発しながら活用する
　（既存の枠を超えたタレントを生むために）
◇まだ見ぬタレントを開発するために

「短期の目線」であれ、「中長期の目線」であれ、会社がしっかりとした目的を持っていれば、具体的なタレントの定義が可能である。だが、現実には会社が、全く見当もつかないようなタレントも存在する。

「中長期の目線」によるタレントの活用となれば、今後、ど

図表2-7-3

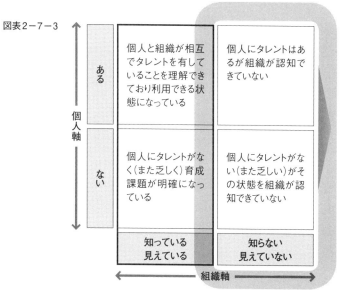

のようなタレントが必要になるのか。中長期の戦略と共に、人事戦略も考え直さなければならない場合が十分に考えられる。

当初は考えもしなかったタレントが必要とわかった際には、必要か否か十分に吟味した上で、新たにタレントを定義する必要がある。そして、そのタレントがどのようなものであるのかは、いまの時点ではわからない場合が多い。

従業員の立場に立てば、経営戦略の実現に沿ったタレントばかりを持っているわけではない。誰でも何らかの特技や能力、ある分野での知識は持っているはずだが、それが将来、どこで役立つのかは、その時になってみなければわからない。

従業員個人はタレントがあると自覚しているが、会社組織はそのことをわかっていない。あるいは個人にはタレントはなく、

会社組織もそのことをわかっていない。つまり、会社組織が従業員個人にタレントが「ある」のか「ない」のかが、「わかっていない」状態の場合が図表2-7-3である。

・未知のタレント開発は機会提供で——その1
異動・配置転換・役割交代・研修

　現時点ではっきりとした形にならないタレント、見当さえつかないようなタレントを引き出すためには、普段の仕事にはない、これまでとは全く違う別の機会を個々人に提供する必要があるだろう。これは人事部門の仕事になる。

　ある仕事について、本当にそれができるのかどうかを確かめたい場合はどうするか。その仕事、また、その仕事に関連するであろう取り組みをやらせてみればよい。つまり、機会提供である。機会を提供すれば、それができるのかどうか、求めるタレントを有しているのかどうかがはっきりとわかる。

　すでに一緒に仕事をしていて知っていると思っている人であっても、まだ見えていないタレントを知りたいのであれば、普段の仕事とは全く違う機会を提供する必要がある。そうして初めて、いままでの仕事の場では見ることのできなかったその人のタレントが明らかになっていく。

　最も一般的な機会提供が異動であろう。

　それまでとは違う仕事に就いたり、違う環境、違う人間関係の中に入ると、その人は新しい一面を見せる。新しい仕事に対する理解度。新しい環境に馴染むスピード。新しい人間関係の中でのコミュニケーション。全く新しい機会に遭遇することで、

その人のそれまで見えていなかったタレントが明らかになっていく。

　部署を超えた異動でなくとも、同じ部署内で仕事を変える配置転換等も考えられる。同じ仕事であっても組む相手を替える、また役割を入れ替える。そうすれば、それまでとは全く違う対処が必要になり、その対処の仕方、新しいタレントを知ることができる。

　研修も機会提供のひとつである。普段の仕事では経験できないような課題を提供すれば、個々人の全く違う顔が見えてくるだろう。普段とは違う場に置かれ、普段ではあり得ない課題を前にして、人は普段は見せない姿を見せる。新しいタレントが発掘される。

　定期的に行われている型通りの研修、例えば階層別の研修であっても、そこに参加者の上司を招く方法もある。日頃、自分たちが接している部下の姿と、研修中の部下の振る舞いが全く違うことに気づくだろう。そしてそこから新しいタレントを引き出すことができる。

　このような取り組みよりも、さらに大掛かりな、会社をあげての機会提供を行っている場合もある。

・未知のタレント開発は機会提供で──その２
　ビジネスコンテスト・15％カルチャー
　会社によっては、通常の仕事とは全く別に、ビジネスコンテスト等を行っているところがある。コンテストへの応募を促し、どのように情報収集し、どのような企画を立てていくのかを見

る。ここでも普段の仕事では見ることのできない、従業員の新しい姿が現れるだろう。

　QCサークルを進めている会社もあるだろう。QCサークルでは、リーダーをはじめ、サブリーダー、書記等の役割があてがわれる。普段は仕事でリーダーシップを求められない立場でも、サークルで責任を負う立場に立たされれば、従業員は違う一面を見せる。それまで見えていなかったタレントが明らかになっていく。

　Chapter-1で触れた、3M社の「15％カルチャー」のような制度も有効な機会提供の場である。

　意図せずできてしまった「不思議な接着剤」の使い道を探してスペンサー・シルバーは社内中にチャンスを見つけようとし、その姿を見ていた同僚のアート・フライは現実的な使い方を思いつき、同じく「15％カルチャー」を用いて商品化に打ち込んだ。その結果、貼ったりはがせたりが自在なメモ用紙であるポストイットという世界的な大ヒット商品が生み出された。

　シルバーとフライの話はあまりにも有名だが、同社では、他にもマスキングテープとスコッチテープをつくったディック・ドゥルーや、スコッチ・テープ用のカッター付きテープ台を発明したジョン・ボーデンといった従業員たちの逸話に事欠かない。偶然や個人のひらめき、涙ぐましい努力の結果というだけではなく、あらゆる機会を提供して従業員個人がアウトプットできる場をつくることが組織の文化や風土としてしっかり根づいていることがわかる。

　3M社の「15％カルチャー」のような文化は、アメリカでコ

ンピュータの開発、製造、販売を行うHP（ヒューレット・パッカード、Hewlett-Packard Company）の「10％ルール」や、インターネットの検索サービス最大手Googleの「20％ルール」等、多くの会社に引き継がれ、ユニークで世界的な製品やサービスを生み出す原動力になってきた。

　毎日の仕事をこなしながら、全く別の機会に触れるということは簡単ではない。多くの従業員にとっては目の前の仕事をいかにこなすかで頭がいっぱいで、全く新しい機会に飛び込むなど考えられないだろう。

　全く別の機会提供をするためには、会社をあげての取り組みが必要になる。日本企業でも数多くの事例がある。

【事例】　サイバーエージェント社の「ジギョつく」と「CAJJプログラム」

　メディア展開・広告・ゲーム供給等、インターネット上であらゆる新サービスを打ち出している会社がサイバーエージェント社である。同社が2004年から取り組んでいる「ジギョつく」は、「新規事業プランコンテスト」のことであり、名前は「事業をつくろう」に由来する。インターネット上の新規事業を、従業員全員から自由な発想で募集しようというビジネスコンテストである。

　従業員ならば、年齢や入社年次に関係なく誰でも参加できる。また内定者でも良い。チームでもひとりでも応募が可能で、当初は半年に一度開催されていたが、現在は年に一度の恒例のイベントとなっている。

応募者はまず企画書を人事部に提出し、人事部ではそれをスクリーニングして役員会へあげる。役員会ではすぐに1次選考がなされ、2週間後に最終選考が開かれる。そこで1次選考の通過者が役員全員の前で15分のプレゼンテーションを行う。再びすぐに役員による議論が行われ、結果はその日のうちに発表される。

　グランプリ受賞者には賞金が進呈され、自ら提案した事業の事業責任者、または子会社の社長を任せられる。2週間ほどのスピードで、新規事業を立ち上げる決断が下されるわけである。

　選考基準は「事業」と「人材」に分かれる。「事業」面では、ビジネスの将来性やユニークさ、競合との差別化の是非、本業との相乗効果等が審査され、「人材」面では本人の情熱や意気込みを試される。

　サイバーエージェント社は「ジギョつく」のねらいを「人材育成」としている。まさに普段の仕事にはない機会を提供し、そこで人材の新しい可能性を見つけるために行っている、機会提供の代表例と言えるだろう。

◇失敗を許容する風土を醸成

　新しいタレントを開発する上で欠かせない要件が、失敗を許容する組織風土である。

　いま現在の仕事、既存の枠組みを超えた機会提供を行ったとしても、本人がそれにうまく対処できるとは限らない。むしろ、未知の新しい仕事、課題であれば失敗する確率は高くなるだろう。だが、実際に失敗してそれを咎めるようであれば、従業員

は失敗したくないために最初から挑戦を避けるようにもなるだろう。そこからは新しいタレントだけでなく、何も生まれてこない。

　現行の仕事で失敗すれば、評価はマイナスになる。上司もそうせざるを得ない。他社と競争している以上、それは仕方のないことでもある。

　だが、失敗を恐れずに果敢に挑戦できる環境をつくれば、従業員は失敗するリスクを背負いながらも、思い切り挑戦できるようになる。このような失敗を許容する風土作りは、会社をあげて取り組まなければならない。

【事例】　撤退基準を定めた「CAJJプログラム」

　サイバーエージェント社のビジネスコンテストには、失敗を許容する文化、風土作りの目的も見えてくる。

　「ジギョつく」で事業化した後にある仕組みが、「CAJJプログラム」である。「サイバーエージェント(Cyber Agent)事業(JIGYOU)＆人材(JINZAI)育成プログラム」の略で、できたばかりの新規事業を評価していく制度である。

　サッカーのJリーグに倣い、最初は新規事業のJ3から始まり、先行投資事業J2、中核事業J1へと昇格していく。それぞれについて期間と粗利額、赤字の下限額が定められ、クリアできれば昇格、半年でクリアできなければ撤退というルールである。

　「CAJJプログラム」で注目すべきところは、このように撤退の基準が明確にされていることである。事業化の後、一定期間であげるべき粗利額と赤字の下限額がクリアできなければ潔く

撤退とルールが決められている。

　失敗を許容する文化を実現するためには、盛んに挑戦を促すだけではない。このようにあらかじめ失敗の基準を定め、それに達した時に潔く撤退する習慣を会社内に根づかせる必要がある。撤退の基準が明確化されているということは、そこまでの失敗が許されるということを意味する。

　基準がなければ、いつやめるかやめないかの判断も始めた当人が決めなければならない。この場合、往々にしていつまでたってもやめられず、取り返しのつかないことになる。そして、その責任は当人のみが負いがちになる。

　撤退基準があるということは、基準までは会社もリスクを従業員本人と共に背負っていることを意味する。基準に達するまで、取り組む当人たちはあらゆる試みができる。普段の仕事ではとても体験のできない、あらゆる体験ができるのである。取り組む従業員本人たちの重責と緊張は大きいことが想定できる。それもまたひとつの機会提供になっていると言えるだろう。

　「ジギョつく」が機会提供の代表例ならば、「CAJJプログラム」は撤退の基準を明確にした、失敗を許容する文化・風土を醸成する代表例と言えるだろう。ふたつが揃って、サイバーエージェント社の文化・風土をつくっている。それが、インターネットの分野で次々と新規事業を立ち上げ、軌道に乗せていく同社の原動力であり、タレントの発掘に寄与していると想像できる。

　「ジギョつく」では役員全員が審査を行い、「CAJJプログラム」では全社的に基準がオープンにされ、結果は誰にでも公開される。経営層が自らアウトプットの場を提供し、挑戦することを

促し、失敗を許容する文化や風土をつくっていくことの大切さがよくわかる。

「ジギョつく」は、2012年9月から1人1案、年に1回開催の「ジギョつくNEO」にリニューアルされ、いまも続けられている。

【事例】　トリンプ・インターナショナル
——挑戦を促し、失敗を許容する撤退基準

　トリンプ・インターナショナル・ジャパン社は、スイスに本社を置くトリンプ・インターナショナルの日本法人である。下着を製造するだけでなく、販売も手がけ、全国に専門店を展開する。

　1992年から2006年まで代表取締役社長を務めた吉越浩一郎氏のもとで、同社は始業1時間前の早朝会議を開いたり、即日即断の方針を徹底したりする等して、18期連続増収増益を実現した。その中でよく知られるのが、出店した店舗についての撤退基準が明確に示されていたことである。

　月に1度「閉店会議」が設けられ、そこで一定期間赤字が続いた店は、どんな事情があろうとも即座に閉店が決められた。

　吉越氏の言葉としてよく知られているのが「川に飛び込め」である。

　出店については「とりあえず迷ったら出す」。いったん出店を決めれば最短期間オープンを実現し、オープン後、黒字になればOK。赤字が続くようであれば、基準通りに閉店する。閉店するにもお金がかかり、遅れれば遅れるほど赤字は膨らむ。撤退基準が明確であるからアグレッシブな出店ができ、資金を

無駄に垂れ流すことが防げる。

「とりあえず出店」してみて、ダメならば潔く閉店する。それを徹底していったことで、同社は黒字ばかりの店を残すことができた。撤退も店舗展開の過程のひとつとなっている。結果的に業績はあがり、手元に残った資金で、また、出店という挑戦をし続けることができたという。

撤退のルールがあらかじめ定められているから、挑戦もできる。いまから10年も以前の話であり、特に店舗運営では環境は大きく変わっているだろう。だが、基準をあらかじめ設けて挑戦し続けるという方針は、いまも通用する考え方である。

【事例】 失敗を大胆に表彰する太陽パーツ社

失敗をより大胆にすすめている企業がある。大阪府堺市の太陽パーツ社である。金属加工品をはじめプラスチック、ゴム製品等多彩な機械部品を製造するメーカーで、同社が1993年から始めたのが「大失敗賞」である。文字通り、仕事で大失敗した従業員を半期に一度選んで表彰する制度である。

きっかけは、ある従業員の大失敗だったという。その従業員はカー用品の開発に取り組み、開発に成功した。一時は大手量販店から大量の注文を受けたのだが、次第に注文は減り、半年後には撤退を余儀なくされた。後に残されたのが開発時に費やした5000万円の赤字だった。同社の1年の利益を超える大損害であった。

従業員は落ち込み、社内には沈滞ムードが漂った。何とかしなければ——そこで、「失敗を笑い飛ばそう」と、社長の城岡

陽志氏が考えたのが「大失敗賞」だった。

「大失敗賞」の発想には、城岡氏自身の経験が影響している。太陽パーツ社は、1980年に城岡氏が創業した（法人化は1983年）が、その前まで城岡氏は会社勤めをしており、営業職として活躍していた。

日々、新規顧客の開拓に奔走し、自分の仕事には自信を持っていたが、会社で評価されるのはいつもルート営業で安定した実績を残す従業員だった。

このような経験を経たこともあって起業時に決意したことが、「守りに入らないこと」。「挑戦し続けること」である。それが成長をもたらすと信じ、その気持ちが従業員の大失敗をきっかけに、「大失敗賞」として形になった。

ユニークな賞の名前に思わずニヤリとしてしまうが、ここで見落としていけないのは、賞の選考基準を「前向きにチャレンジして失敗したこと」と「失敗がノウハウとして今後の事業活動に活かせること」としていることである。

失敗とは、果敢なチャレンジの結果であり、同社ではこの「大失敗賞」を設けることで挑戦する姿勢に重きを置くことを身をもって示した。失敗を後の事業に貢献する「前向き」な挑戦とし、ノウハウとしても残す意思表示と言える。

初めは恥ずかしがっていた従業員だが、いまでは正々堂々と新しいことに挑戦する気持ちを持つようになったという。「挑戦するから失敗する。挑戦しなければ成功もない」と、城岡氏は語っている。

挑戦する文化、失敗を許容する風土と言葉では言えても、一

朝一夕につくり上げられるわけではない。経営者層が身をもって示し、制度をつくり、懸命に奨励して初めてできあがっていく。

サイバーエージェント社の「ジギョつく」も、設立当初は応募がなく、一時は中止しようという声もあがっていたという。だが、当時の人事本部長が現場に「社内営業」をかけて従業員の背中を押し、勉強会を開いて、新規事業の立ち上げの面白さを役員に講義してもらったり、グランプリを獲得した従業員に体験談を語ってもらったりして、応募数を増やしていった。

応募することが自分のためになるということが従業員に浸透していった結果、いまの成功につながった。そこまでしなければ、挑戦は促されず、失敗を恐れない組織はできあがってはい

図表2−9 タレントを「開発」するふたつのポイント

タレントを開発する際のポイントはふたつある。

アウトプットの場を設ける

- 現業における成果だけでなく、**研究結果やアイディアなどを披露する場を設けて**、社員個々のタレントを明らかにする場を設ける
- 現業の成果に傾倒し過ぎると、多様性の受け入れそのものが、非効率な取り組みととらえられがちになり、タレントの開発を阻害してしまう可能性が高い

失敗を許容する

- 既存の枠組みを超えた取り組みによる失敗を許容できなければ、リスクテイカーやチャレンジャー、また革新者は育たない（組織に存在していたとしても属人的）
- 組織としてリスクテイカーやチャレンジャー、また革新者を育てる場合には、**失敗を許容する仕組みや風土が必要である**

タレントを新たに開発するには、機会提供（アウトプット）の場を設けることと、失敗を許容する風土は欠かせない。どちらも経営トップが取り組むべきことと言える。

かないということだろう。

◇タレントマネジメントから見たふたつの効果

　これらの、機会提供や失敗を許容する文化を通して、個々の従業員に内在しているタレントを開発していくわけだが、ここでタレントマネジメントの観点から見ると、さらにふたつの効果がある。

　ひとつは人材の発掘、もうひとつは多様性の受け入れである。

　会社も規模が大きくなると、優秀な人材や意欲のある人材が見えなくなることも少なくない。場合によっては、直属の上司がそれらの人材のタレント(潜在スキルや意欲等)の芽を摘んでしまうこともある。組織を機能的に活動させるためにはヒエラルキー(階層構造)が必要であるが、時には経営層とその他の従業員との関係を文鎮型にして人材をフラットに見ることも、タレントの発掘の観点から見れば重要である。

　また、日常の仕事とは異なる機会や失敗を許容できるルールを設けることは、これまでとは異なる仕事の進め方や、仕事に対するとらえ方(ある種の多様性)を受け入れるきっかけになる。ここでは大きく触れないが、この多様性の受け入れが、組織や事業活動におけるイノベーションにつながるのである。

4.

運用と役割
各部署の仕事はどれほど変わるのか

管理職は、タレントマネジャーへ

○現場にタレントマネジメントを担う役割を

　タレントマネジメントを会社内に根づかせていくためには、その実務——「設計」と「開発」に携わる人事部門の担当者と、現場でタレントを「活用」と「運用」するタレントマネジャーの両者の存在が欠かせない。また、大方針を掲げ、会社全体へのタレントマネジメントの浸透を担う経営層、そしてもうひとつ、従業員個々人の姿勢も問われることになる。

　いずれの立場であっても、これまでのような考え方や仕事のスタイルとは違う対応が求められる。

　以下、タレントマネジメントを浸透させるために各自の役割がどのようなものになるかを見ていくことにしよう。

　タレントマネジメントを推進していくにあたって、係長・課長・部長・本部長等・管理職と呼ばれる各部署の責任者たちに新しく期待されるのが、タレントマネジャーとしての役割である。これまでの仕事と共に、部下である個々の従業員のタレン

トをマネジメントする役割が加わる。

　これまでも、管理職と呼ばれる人たちは、部下である個々の従業員の違いを意識した采配は行っていただろう。だが、タレントマネジメントを推進していくと、従業員の持つタレントがしっかりと定義され、これまで以上に明白なものになる。個々の従業員が備えるタレントの違いをこれまで以上に意識しつつ、日常の仕事で有効に活用する必要がある。部下のタレントに合わせて、またキャリアビジョンに合わせて配置を換える等、裁量のある範囲での最適化を実現していくことが求められる。

　配置換えや役割の変更等は、タレントを開発する上でも大事な施策である。これまでの仕事ではできなかった経験をする場や環境を、あえて従業員に提供する。新しい舞台へ従業員を導き、そこでどのように課題に向き合っていくのか、能力を発揮していくのか。それをつぶさに観察して、新しいタレントの可能性を探るのである。

　タレントマネジャーは、人事部門の担当者と定期的に情報共有をしながら、発見し、発掘された、新しいタレントについての情報を伝え、人事部門は新たにタレントを定義した後に、再び仕事の現場でその活用方法を探っていく。

○部署の「部分最適」と共に会社の「全体最適」を

　前述の通り、タレントの「開発」を目的とした機会提供のひとつに異動がある。タレントマネジャーはそれを提案する役割も期待されている。

　すでに述べたように、個々の従業員のタレントが発揮され、

活かされるよう、配置換えを行ったり、役割を変えたり、部署内での最適化を図っていく。それに加えて他部署にまで視野を広げながら全社的な人材の最適化を図ることが求められる。自部署の従業員であっても、他部署で働いたほうが本人のためにも、会社全体のためにも有益であれば異動を提案することが求められる。

とは言え、その従業員が自部署で大きな業績をあげていれば、なかなか手放したくない。ついつい囲い込みたくなるのが管理職の心理だろう。確かに優秀な従業員が出ていけば、一時的に自部署の業績が落ちるかもしれない。しかし、優秀な従業員がいれば、その人のやり方に引きずられたり、頼りがちになったりする。実は、他の従業員の育成が妨げられていることも少なくない。

優秀な従業員をあえて他部署へ送り出し、会社全体の最適化を図るのと同時に、自部署で空白になった部分を残った従業員で埋め、業績を出し続けることもタレントマネジャーの役割と言える。タレントマネジャーと部署に残った従業員にとっては、そのことが新たな機会提供にもなる。

5年後、10年後という中長期の経営戦略を実現していくことを考えれば、優秀な従業員にたくさんの経験の機会を与えたほうがより会社全体のためになる。特に次世代の経営者候補にとっては、あらゆる部門を経験することは必須である。

○タレントマネジャーには特別な教育を

現行の仕事に加え、新たにタレントマネジメントに関する仕

事が加わる。タレントマネジャーには新しい知識や技術が必要になる。タレントマネジャーには、これまでの管理職教育だけでなく、特別な教育の機会が提供されなければならない。

タレントマネジメントの全体像を理解することはもちろん、定義されているタレントがそもそもどこから導かれてきたものなのか、「短期の目線」による活用のためのタレントなのか、「中長期の目線」による経営戦略の実現のためなのか——目的によって、現場での「活用」には違いが出てくる。

現場では、複数の目的のタレントマネジメントが同時並行的に走ることもあるだろう。人事部門の示す定義されたタレントをただ活用しようとしても限界があるだろう。

タレントマネジャーは、このタレントの活用は、そもそも何を目的にしたものなのかを、しっかりと理解した上で現場での活動を推進しなければならない。

「中長期の目線」による活用を理解しようとすれば、当然、会社の中長期的な経営戦略を理解しておかなければならない。また、他部署へ向けて従業員を送り出すのであれば、他部署の仕事についても知っておかなければならないだろう。

自部署で働いている従業員がそのまま働き続けたほうがタレントを伸ばすことができるのか。それとも他部署へ移ったほうがタレントをより発揮できるのか。他部署の仕事の内容を知り、そこでどのようなタレントが求められているのかを理解して、初めてそれが可能になる。

各部門で行っている事業、仕事の内容を正しく理解し、さらにこれらの事業が5年後、10年後にどのように発展し、どのよ

うな姿になっているのか。経営戦略も理解しなければならない。

　現実には他部署の仕事については全く知らず、関心を持たない管理職は多い。大きな会社になるほどそのような傾向がある。たまに他部署へ関心を持つ管理職を見かけるが、もっぱら個人的な努力によるもの、つまりその管理職の志向によるもので、会社の仕組みとして他部署の仕事の内容や役割を見る機会があるわけではない。つまり、属人的な現象にとどまっている。

　他部署への関心や理解を示すことは、タレントマネジャーにとって必須である。これらの関心や理解、また具体的な他部署に対する知識も、タレントマネジメントの仕組みの中で浸透、育成を図っていく必要がある。

大きく変わる人事の仕事

○タレント情報の収集は既存のイベントに組み込んでいく

　タレントマネジメントによって、人事部門の仕事は大きく変わっていくだろう。

　まず、タレントマネジメントの全体像を「設計」することは、人事部門の主要な役割である。「設計」を経て定義され、明確になったタレントは現場で「活用」される。そして、そこで個々の従業員のタレントと毎日向き合っている現場のタレントマネジャーから、各タレントの評価情報がもたらされることになる。

　タレントは一度定義し、活用して終わりではない。その状態を現場は評価して情報を人事部門へ戻し、育成のための新たな「活用」方法を練る。何度もサイクルを回してタレントは磨か

れていく。サイクルの要所要所で効率的・効果的に情報を吸い上げる仕組みを整えることも人事部門の仕事である。

　設計段階で最初にタレントを定義する時、情報収集のためにかなりの時間と労力を割くことになるはずである。だが、これはあくまで初めだけの一時的な作業で終わらせる必要がある。なぜならタレントマネジメントは、タレント情報を収集することが目的ではなく、人材マネジメント施策を通して人材を育み、会社の経営戦略を実現することが目的だからである。

　取捨選択して定義したタレントがどれほど育成されているのか──回り始めたサイクルの中で、絶えず現場のタレントマネジャーから情報をとり続けるには、導入時のように時間をかけていては人事部門にとっても、現場でタレントを定期的に評価し続けるタレントマネジャーにとっても大きな負担になり、会社の経営戦略に活かすまでには至らない。

　そこで、すでにルーチン化されている人事関連の業務やイベントに絡めて、タレントの情報を収集できる仕組みを整えることが重要である。

　昇格昇給、また賞与等を決めるため、会社内では面談や評価調整会議、昇格者検討会議等の組織人事上のイベントが設けられている。これらの機会に併せて、タレントの情報についても収集するのである。

　ルーチン化された組織人事上のイベントの他に、不定期であってもタレント情報を収集する機会はある。

　あるシステム会社では、プロジェクトを終える度に、プロジェクト報告書を提出することが義務づけられている。プロジェ

クトマネジャーは報告書を作成する際、メンバーと個別に面談を行う。その機会を利用すれば、メンバー各人のタレント情報を収集できる。

　会社によって人事の位置づけはさまざまである。人事として独立して機能している会社もあれば、総務や経理と兼任しているような人事部門もあるであろう。会社や業界独特の、言わば強制力のあるルーチン業務に併せて情報を収集すると共に、不足する情報については最小限に抑えながら機会を設けて収集する必要がある。

　こうして一定の期間内に最新のタレント情報を得られるように「設計」することが、人事部門の役割である。

　会社によっては、いままさに人事制度自体を見直しているところもあるだろう。創業してまだ間もない比較的新しいベンチャー企業や、急速に大きくなっている企業では、現行の人事制度が追いつかず、新しい制度に変えようとしているところもあるだろう。

　もし、人事制度を刷新しようとしているならば、タレントマネジメントの考え方を採り入れ、タレント情報の収集も仕組みの中に組み入れて検討するといいだろう。

○「開発」の担い手として次の次まで考えた異動を

　次に、人事部門が担わなければならないのがタレントの開発である。明確な目的に沿ってタレントマネジメントの施策が策定されており、またタレントマネジャーが自らの役割に沿った活動ができていれば、タレントマネジャーによって新たなタレ

図表2−10　開発におけるタレントマネジャーと人事部門の役割分担

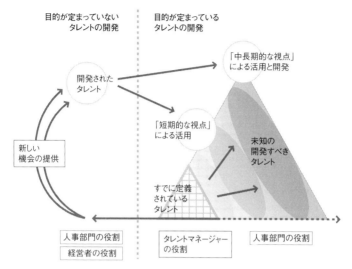

目的が定まった「短期的な視点」によるタレントの活用では、すでに定義され育成すべきタレント（図の中央格子部分）を核にして、開発の領域を徐々に広げていくことになる（図の右側へ）。主体になるのは従業員本人と現場のタレントマネジャー、人事部門の担当者だが、活用が「中長期的」になるほど開発すべき未知のタレントは多くなり、人事部門の関与が大きくなっていく（図の右側空白部分）。また、目的の定まっていないタレント（図の左側）の開発には新しい機会提供が必須であり、人事部門はもちろん、経営トップのコミットメントが欠かせない。

ントの発見や開発を促すことができるであろう。しかし、現在掲げている目的とは合致しないようなタレントや会社として未知のタレントを開発するためには、あらゆる機会提供を行う等の思い切った施策が必要になる。それができるのは人事部門以外にない。タレントマネジメントの全体像を把握する人事部門でしかできない仕事でもあろう（図表2 - 10）。

　人事部門ではあらゆる人材マネジメント施策について、これまで以上に、会社と従業員の両方を見据えた取り組みが求めら

れる。つまり、会社組織の全体最適も従業員個人のキャリアプランニングも同時に視野に入れなければならない。

　異動の意味合いも、タレントマネジメントに取り組むことによって従来とは違うものになる。

　人事異動を計画し、発令・実行することは、人事部門にとって主要な仕事であろう。だが、これまでのように目の前の仕事の成果のための異動という観点だけでなく、従業員個人のタレントの育成を意識した異動を計画的に行っていく必要がある。この考え方は、タレントマネジメントの根幹となる考え方である。

　異動すれば、その従業員には新しい部署で成果を出すことが当然求められる。だが、同時にその人のキャリアにとってどうプラスになるのか。異動の目的として、新しい部署で成果をあげることだけではなく、その人のタレントをどのように育成していくのか、そしてそのタレントの育成が会社全体に、また中長期的にどのような効果や成果をもたらすのかを検討するということが加わる。

　異動は、当人と人事部門の担当者、現場でその人のタレントを見守ってきたタレントマネジャーの三者間の理解と納得の上で行う。その後もタレント育成のゴールが達成されているかどうかを定点観測していかなければならない。

　新しい部署で成果をあげることだけが異動の目的ならば、それにひたすら向かうしかない。これまでの業務偏重型・成果主義の人事では当たり前の考え方であった。だが、動き方は近視眼的になり、良い結果が出ればそれで良しとし、そうでなけれ

ばもう打つ手はなく、落伍者の烙印と共に放置されることもあったのではないだろうか。

タレントマネジメントを推進していくことで、中長期にわたってタレントを育成していくという視点が加わり、当人にとってのキャリアプランニングにつながるという納得があれば、こういった局面を変えることができる。各部署のタレントマネジャーたちと当人と密なコミュニケーションをとりながらタレントマネジメントを実現していくことは人事部門の大切な役割である。

たとえ、直近の異動で成果をあげられなくとも、次のチャンスでまた挑戦すれば良い。従業員は異動を通して自分のタレントを見つけ、長期的に伸ばしていくことができる。直近の異動だけでなく、その次の異動も、そのまた次の異動まで考えることが求められているとも言えるだろう。

タレントマネジャーは全体最適の視点から、自部署の人材を積極的に他部署へ異動させるように提案すべきとすでに述べた。だが実際には、従業員ひとりひとりのタレントをより客観的にとらえ、全社的な活用や長期的な育成を計画できるのは、会社全体を見ることができる人事部門と言えるであろう。

異動についての人事部門の役割と責任はこれまでよりも大きくなるだろう。

○採用と教育に再定義を

採用についても、タレントマネジメントに取り組むことで、従来の方法を見直し、再定義する必要が出てくるだろう。

新しく人材を採用する際、これまでは、いま現在不足しているポストにふさわしい能力や実績、経験を持つかどうかという観点で評価していたのではないだろうか。タレントマネジメントに取り組めば、5年後、10年後の中長期の経営戦略の実現のためのタレントを持っているのかどうか、設計で定義されたタレントと照らし合わせて、いまは持ち合わせていなくとも、将来、育成される可能性があるのかどうかという観点で人材を見る目線が加わるだろう。

　履歴書や職務経歴書をはじめ、採用面談等、直接、顔を合わせて得られる情報はもちろん、手に入るあらゆる情報について、いま現在必要なタレントを持っているのか、将来必要になるタレントを持つ可能性があるのか。タレントマネジメントに取り組めば、中長期的に求めるタレントもあらかじめ明確になるため、これらの情報と照らし合わせながら、ふさわしい人材を採用することもできるだろう。

　採用後の教育でも集合研修のようなものばかりでなく、従業員個人のタレントに合わせた個別の研修の計画を立てやすくなる。それは従業員個人にとっても、自分のキャリアに一貫性を持たせられるマネジメントと映るはずである。

　タレントマネジメントの浸透した会社であれば、応募してきた人材のタレントがいまはすぐに役立たなくとも、将来にわたって伸びていく可能性が見えるのであれば、そしてそれが会社の中長期的な戦略に沿ったものならば、採用の対象になる可能性がある。

　5年後、10年後の経営戦略の実現といっても、決して遠い将

来のことではない。

　ある会社では、将来の海外展開を見込んで、新入社員の採用として、英語ばかりでなく、スペイン語や中国語等を扱える人材の採用を行っている。この場合、求められるタレントとは、語学ができることはもちろん、現地の文化や風習、商慣習等の理解度も含まれる。進出する分野のビジネスに対する知識や経験があればなおさら良い。

　選考対象は、当然、日本人ばかりではなく、ネイティブの外国人も含まれる。そして現実に、何人かの外国国籍を持つ人材が採用されている。大企業でなくとも、このような例は増えている。海外進出のような戦略は、実現までに少なくとも数年がかりになる。5年後、10年後に役立つタレントとは決して遠い未来のことではなく、このような戦略があるのであればすぐに人材の確保を始めるべきと言えるだろう。いま現在、会社で働く従業員たちのタレントの育成、開発、新しい人材を求めての採用も、タレントマネジメントの観点で再定義するべきと言えるであろう。

○組織間の結節点に

　タレントマネジメントの全体の設計を担うのは人事部門であり、一方、仕事の現場で個々人のタレントを活用し、豊富な機会を提供して新しいタレントの開発を担うのがタレントマネジャーである。

　人事部門は各部署のタレントマネジャーたちの間に立って、その結節点にならなければならない。

タレントマネジャーは、従業員個々のタレントを意識しながら部署内の最適化を図るだけでなく、他部署の仕事やそこで求められているタレントを知り、そこへ部下である従業員を送り出す提案をすべきとすでに述べた。会社全体を見渡す全体最適を実現する視点を持つべきという主旨である。だが、現実にはそれは難しい。優秀な人材がいれば、部署内で活躍して欲しい。業績をあげられればマネジャーとしての実績にもなる。優秀な人材は手放したくないというのが本音だろう。

　異動した先の部署のタレントマネジャーにとっても、異動は新たな葛藤の原因になる。これまでの人材で仕事をうまく回していたのに、突然、新しく優秀な人材が入ってくる。その新しい人材のやり方が最も良いことはわかっているが、これまでの他の人材をどう納得させれば良いのか。新しいやり方に習熟する間の仕事はどう調整すべきか。

　全体最適の視点の重要性は理解していても、現実的には部分最適と矛盾する場面は少なくない。タレントマネジャーは常にその間で悩みを抱えることになる。

　異動は他にも多くの葛藤をもたらす。誰もが認める優秀な人材の異動ならばまだしも、そうではない異動ならば、本人にとっても、また、異動先の部署にとっても、複雑な気持ちを抱かざるを得ない。

　従業員個々のタレントに最も接しているのはタレントマネジャーである。まず、タレントマネジャーがタレントを育成したり、発見したり、引き出したりする。だが、そのタレントが現実にどれほどの価値を持つのか。会社全体で求められているタ

レント、将来にわたって必要とされるタレントと照らし合わせながら、客観的に評価できるのは人事部門である。

人事部門はタレントの情報を吸い上げたり、定義したり、活用を促すというタレントマネジメントとしての仕事だけではなく、各部署のタレントマネジャーたちと情報交換を絶やさないようにしながら、タレントマネジメントの過程で生まれる部署間の摩擦を予測し、調整する役割も求められる。

事前に摩擦になりそうなところを予測し、異動する従業員とはもちろん、異動にかかわる複数の部署のタレントマネジャーたちとコミュニケーションをとりながら、その間の結節点になる必要がある。

人事部門は、全社の戦略、タレントマネジャーの役割、さらに後述するように従業員個人の役割を理解し、会社全体を見る俯瞰的な視点を持つ。その中で従業員個々のタレントが、最大限に活かされる方法を考える姿勢が求められる。

○タレントの有効活用のため、いかに情報をオープンにするか

タレントマネジメントの取り組みによって、人事部門のあり方も大きく変わっていくだろう。これまでの人事部門は、所有する情報を人事部内にとどめる傾向が強かったのではないだろうか。人事部内には従業員の個人情報をはじめ、給与情報等、公にはしたくない情報は多い。無論これらは、しっかりと守らなければならない。だが、現実には守るという領域を超え、ことさら秘密主義に陥る傾向がなかっただろうか。

秘密主義を貫くこと自体が目的化し、人事の仕事全体もまた、

さしたる理由もなく隠されがちになっている場合も少なくない。その結果、人事の仕事は限られた人でしかこなせないものになり、それがまた人事を内向きにする悪循環を生んでいる場合もある。

　タレントは可視化し、共有化して、初めて役立つものになる。タレントマネジメントを会社に根づかせ、タレントを社内で活用しようとするならば、従業員のタレントをオープンにしていく必要がある。秘匿したり秘密にしたりすることに力を注ぐのではなく、むしろ情報をどうオープンにしていくか。人事部門ではそれを前提に仕事を進めなければならない。

　もちろん、守らなければならない従業員の個人情報は存在する。オープンにすることで特定の従業員が不利益を被らないよう、現場のタレントマネジャーが得られる権限をはじめ、タレントの情報を参照したり、更新したりする立場の人たちがどこまで情報にアクセスできるのか、そのルール作りを進めるのも人事部門の仕事になる。

○処理の人事から、「戦略的人事」を担う部門へ

　もうひとつ、これまでの人事は、処理することが主な役割ではなかっただろうか。

　採用においては人を採ること、給与においては間違いなく正しく計算すること、評価においては査定すること、育成においては現業において足りないスキルを身につけさせること。どれもルーチン化され、年中休みなく続く作業のため、どうしても近視眼的なものの見方を強いられがちだったのではないだろう

か。

　このような定まった仕事に加え、最近では、従業員がうつ病に罹る等、従業員のメンタル面での問題が噴出したり、ある部門でセクハラやパワハラが問題化したり、採用して間もない人材が簡単に辞めてしまったりと、重要ではあるが決してありがたくはない出来事の対応に追われることが多くなった。

　このような仕事が当たり前になってしまい、とても長期的な展望を持つ余裕など持てないでいたことが、今日の日本企業の人事部門の実態ではないだろうか。

　採用しても、自社のビジネスモデルに適応させるためにすぐに教育を施して現場へと押し出す。その後の研修・教育も、給与計算も、また人事評価も、近視眼的な取り組みに終わっていないだろうか。

　このような現在のビジネスだけに対する近視眼的な人事ではなく、会社の経営戦略の実現に目を向けることがタレントマネジメントでは求められる。

　タレントマネジメントが人事部門の仕事に対する認識を大きく変えるだろう。

　タレントマネジメントに取り組めば、人事部門は本来の仕事である「戦略的人事」の実現に向かう。

　繰り返しになるが、「戦略的人事」とは、企業の経営戦略を実現するための企業の業績に直結する人事であり、中長期的に組織の競争優位性を保持し続ける人事のことを指す。「戦略的人事」が実現すれば、人事部門の取り組みは会社の業績に直結する。そして、この「戦略的人事」を実現するのが、タレント

マネジメントといっても過言ではない。

　人事部門は、会社の中長期的な戦略やビジョンを深く理解し、それを人材マネジメント施策として具体化し、経営者に提言できるだけの力を持たなければならない。経営戦略に直結した企画部門として、人事部門は生まれ変わらなければならない。

　タレントマネジメントは人事部門だけでなく、現場に深く浸透しなければ真価を発揮することはない。タレントマネジメントを推進していく主体を人事部門やタレントマネジャーだけにとどめず、絶えず現場の全員を、あるいは経営層を巻き込む仕掛けをつくっていくことも人事部門の役割になるであろう。

　情報の秘匿ばかりに気をつかっていた人事部門が、急に情報を活用しろと言われてもすぐにはできないだろう。思考プロセスそのものを転換することが人事部門には求められる。

　部署間の結節点として、各部署の仕事をよく知っていることも求められる。人事のプロであることを前提に、人事部門の担当者にこそ、他部署の仕事を知るための多くの機会に触れる必要がある。

　タレントマネジメントに取り組む際には、人事部門に必要なタレントが何なのかをまず定義する必要があるとも言えるであろう。

○**膨大な情報を扱うにはシステムが便利だが……**

　タレントマネジメント全体の設計を行った後に、「運用」を簡便にするためのシステムを導入する場合があるが、これには注意が必要である。

システムは確かに便利である。

ある会社では「短期の目線」による人材の適正配置のためにタレントマネジメントを推進し、また、別の会社は中長期の戦略を実現するためにタレントマネジメントを推進する。その両方に取り組む会社もあるだろう。同じ会社内で、いくつもの目的のタレントマネジメントが同時並行的に走ることも考えられる。

複数の目的に沿ってタレントマネジメントに取り組むのであれば、定義されるタレントの数は膨大になり、気の遠くなるような量のデータを扱わなければならなくなる場合もある。

システムがあれば、膨大なデータであっても一元管理することは可能だろう。ひとりひとりの従業員について、ひとつひとつのタレントが向上しているのかどうか。その様子を把握して逐次情報を更新していくことも容易になる。新しく開発されていくタレントを管理する上でも、システムは非常に便利な存在になる。情報の共有もたやすくなる。

定義されたタレントは、活用する当該部署やプロジェクト、社内コラボレーション等、現場で共有して初めて活きたものになる。タレント情報をデータベース化して、ネットワークに結び、いつでもどこででも誰のタレントでも引き出すことができれば、タレントの活用は大きく前進するだろう。もちろんどこまでアクセスできるか、従業員の権限をあらかじめ決めておく等のルール作りは必要だが、それがクリアできれば、システム導入のメリットは大きい。

すでにアメリカではERPに付随する形のシステムやタレン

トマネジメントを目的とした専用システムが普及し、日本でも大手企業を中心に導入が進んでいる。

　だが、システムには大きな落とし穴がいくつもある。

　まず、システムは万能ではないことを念頭に置いておく必要がある。

　タレントマネジメントを推進させ、成功させるためには、「設計」「活用」「開発」「運用」のサイクルを回し続ける必要があり、これがタレントマネジメントの本質である。

　定義されたタレントを活用するのは、現場のタレントマネジャーの役割である。新たな機会を提供してタレントを発掘、開発するのは人事部門が担う。開発されたタレントを「設計」段階に戻し、定義して、再び全社的に使えるようにするのも人事部門の役割である。

　システムでできることとは、このような過程を経て定義されたタレントを効率よく管理したり、各部署でのタレント情報を共有しやすくしたりするだけのことである。そもそも自社に必要なタレントを定義したり、現場で活用したり、開発までができるわけではない。

　だが、タレントマネジメントシステムと名のつくシステムを導入すれば、それでタレントマネジメントが実現すると思い込んでいる人事担当者も少なくない。経営層になれば、システムに馴染みのないことも手伝って、システムを入れれば何でもできると信じている人もいる。システムができることとは効率化と運用の支援にしかすぎない。

◇シンプルで更新がたやすいシステムを

システムに求められる要件をいくつかまとめておこう。

ひとつは、項目の変更等、内容をたやすく変えられることである。変化に即座に対応できる軽くてシンプルなシステムが望ましい。

従業員個々のタレントの情報は収集し続けられ、更新され、常に新しいものでなければ意味がない。そのため、タレントを定義し、その定義されたタレントに沿って、育成やさまざまな活動を通した変化を記録・更新していく必要がある。だが、経営環境は刻々と変化している。移り変わる環境に応じて、会社の中長期的な戦略も見直すような事態も考えられる。そうなると当然、求められるタレントも変わっていく。最初に定義したタレントが、経営環境の変化で意味を持たなくなったり、新たに開発されたタレントのほうを重視しなければならなくなったりするケースが必ず出てくる。つまり、タレントの定義自体、データベースの項目自体を変える必要が出てくるわけである。その時、外部のエンジニアに連絡をとり、修正までに数ヵ月がかかり、しかも、その度に多くの費用を必要とするのであれば、運用はついていけなくなる。

古い項目のままのシステムが残されれば、誰も見向きもしなくなる。使わなくなるだけならまだしも、古い項目に縛られて他の仕事まで規定されてしまう弊害をも招きかねない。システムに高額な費用を払ったため、それを使うことが目的化し、融通の効かないシステムのために仕事の仕組みまでも非常にいびつになってしまう。ついには経営戦略にも悪影響を及ぼしてし

まう。非常にバカげたことだが、現実に一般のシステムでたびたび見られる事象である。

現在、日本ではタレントマネジメントについてはシステムばかりに注目が集まり、システムがタレントマネジメントそのものであるような誤解がある。タレントマネジメントシステムと称されるシステムの中には、各人のタレントを一瞬でカラフルなグラフにして表すような機能を持つものもある。そこに目を奪われ、いかにもタレントを使いこなせるような気にさせられるが、それは大きな誤解である。

大げさな機能は要らず、シンプルで項目を変えたいと思った時には、社内の人間がすぐに更新できる簡便さを備えたシステムが望ましい。

◇権限の設定が細かくできて、セキュリティが堅牢

システムを使える権限を細かく定められることも要件のひとつである。

タレント情報は、社内で広く共有されて初めて活きたものになる。本人が現在働く部署ではもちろん、他部署でも、期間限定で設けられるプロジェクトでも、あるいは社内コラボレーションの場でも、誰もが社内のタレントを引き出せて参照できることが望ましい。

一方、各人のタレントを広く現場で活用しようとすると、個人情報保護の問題にぶつかる。

例えば、部署内の責任者は情報のほとんどを見ることができるが、他部署では一部の制限のもとで参照できる。情報を入力

したり、更新したりする時、誰がどこまで権限を持つのか。それらの条件を細かく設定できるシステムが望ましい。

◇「設計」「活用」「開発」「運用」のサイクルは人が回す
　システムで効率を追求することは重要だが、システムにとらわれすぎてタレントマネジメントの運用の足かせになるようであれば本末転倒もはなはだしい。タレントマネジメントの全体像を見失わず、サイクルを回し続ける大切さは強調したいところである。
　タレントマネジメントは「設計」「活用」「開発」「運用」のサイクルを回し続けて初めて活きたものになる。サイクルを回し続けることで、タレントマネジメントの考え方が人材マネジメントに深く浸透し、ひいては会社に根づいていく。
　システムは、あくまでサイクルを回す人たちを支援するためのものである。自分たちで入力や更新、項目の改変が簡単にできるものが望ましいと言える。そして、情報の保護にも対応できる利用者の権限を細かく設定できるものがよい。
　日本の現状のタレントマネジメントへの理解からすれば、システムから始めるという選択もあり得るのかもしれない。だが、たとえタレントマネジメントをシステムの導入から始めるにしても、「設計」「活用」「開発」「運用」のサイクルは忘れないでいただきたい。ここがなければタレントマネジメントは何の意味も持たなくなる。
　タレントマネジメントの運用にシステムを用いて効率化を図ることはできるが、落とし穴にはまらないよう注意したい。

図表2-11 タレントマネジメントが実現する文化と風土、及びシステムの落とし穴

1	事業推進 ＜ 人材の「活用」(利用及び育成)・開発の視座を持った人事の取り組みの推進
2	既存の枠組みを超えた人材(の多様性)の追求と受け入れ
3	人事部門と現場におけるタレントマネジメントに対する共通認識と協業体制

→ タレントマネジメントが実現する文化と風土の醸成

【落とし穴】

人材マネジメントとしての仕組みや取り組みが整備されていなければ、"システム導入"は単なる人事データベースの導入にしかすぎない。

システムは非常に便利だが、それでできることはタレントマネジメントのごく一部にすぎない。「設計」「活用」「運用」「開発」というPDSサイクルの全体像を常に頭に描きながら、人の力でサイクルを回し続ける必要がある。

従業員個人にも問われる責任と姿勢

○従業員をいかに巻き込むか

タレントマネジメントに限らず、人材マネジメント施策を効果的に機能させるためには、従業員の巻き込みが必要不可欠である。

例えば、人事制度。人事制度とは、会社が有している考え方や価値観を具体的に明示し、個々人の会社や業務に対する貢献心を誘発させると共に、総額人件費の管理と最適化を実現する仕組みである。この人事制度も仕組みやルール等の立て付けが

いくら整備されても、従業員が人事制度そのものやその意図・目的を十分に理解していなければ、期待通りの機能を果たすことはない。これは人事制度に限らず、前述の通り、人材マネジメントに関する取り組み全般的に同様のことが言える。タレントマネジメントを推進していくひとつの策として用いられる、社内FA制度においても同じである。

　社内FA制度とは、自ら手を挙げて他部署への異動を申し出る制度のことである。一定のルールのもとに従業員側の要望を聞き入れ、新しい職場への異動を実現する。社内FA制度そのものは妥当な仕掛けのように思えるが、現実には手を挙げる、つまり現在の部署から異動を希望する従業員はなかなか現れない場合が多い。

　なぜなのか。いろいろなケースが考えられる。

　まず、従業員自らが自分のキャリアビジョンを明確に持っていないことが考えられる。また、場合によっては、そもそも自分のキャリアを自分で築くという発想がない場合も少なくない。またあるいは、異動先に限らず、他部署で築けるキャリアが明確になっていない場合もあるだろう。

　仮に自分のキャリアを描いたとしても、キャリアアップしていくひとつひとつのステップにおいて、何をどのように取り組めば良いのか具体的にわからない。知る手がかりもない。

　社内FA制度に対する理解、コンセンサスがそもそも不十分な場合もあるだろう。人材を引き抜かれた部署には不満が残り、また、異動先の部署も準備のないまま受け入れることになる場合も考えられる。いつしか社内FA制度は当初の主旨から離れ、

単に現在の部署に対して不満があるから異動を申し出るための制度になってしまう。

　ここまで言えばおわかりだろう。人材を活かす環境を整備することは重要であるが、その環境を生かすも殺すも従業員の意識で変わる。つまり、環境を整備すると共に、いかに従業員を巻き込むかが重要なポイントになるのである。

○会社も従業員も双方が
タレントマネジメントに向き合う姿勢を

　従業員には、自らのキャリアビジョンを持ち、築く意識が求められる。

　自分のタレントの育成や開発を会社任せにしておいてはいけない。「私にはこんな『タレント』があります、だから上手く使ってください」という姿勢では、いつまでたっても自らのタレントを活用されることも開発されることもないだろう。ましてや、「私のタレントって何でしょうか？」では論外である。

　タレントは生まれ持って保有しているものだけではなく、後発的、後天的に開発することが可能である。個々の従業員は普段の仕事の場で自らのタレントを常に意識するようにする。また、新しいタレントについても、自ら発掘しようという姿勢を持ち続けなければならない。

　現在の仕事で必要なタレントばかりでなく、5年後、10年後に必要になるであろう自分のタレントについても、同様に意識的に開発に携わる姿勢が求められる。

　自分のタレントやキャリアには自分で責任を持つ。それが個

人にとって不可欠な姿勢である。

　タレントを活用したり、育成したり、発見したり、発掘したりすることは、会社側だけが行うのではない。むしろ個々の従業員が積極的にかかわって初めて可能になる。

　従業員側が自分のキャリアビジョンを構築し、実現していく責任を持たなければならない。従業員側が自らのタレントとは何であるかを考え、発掘し、高め、利用用途を考えるセルフタレントマネジメントが重要である。そして、その時に初めてタレントマネジメントは実現すると言っても過言ではない。

　従業員個人の立場からも、5年後、10年後、会社はどこを目指しているのか、会社の中長期的戦略を理解する必要がある。なぜなら、前述の通り会社の中長期的戦略と個人のタレントの育成、開発は密接につながっているからである。

　欧米では転職によってキャリアを築くことが一般化されている。転職によりタレントが育成されたり、開発されたりする可能性はある。だが、転職は一方ではロスも大きい。転職先では仕事の進め方も人の評価方法も、そもそも風土も経営理念も違う。馴染むまでには時間がかかり、そのために費やす時間や労力は決して小さくはない。また、転職してその枠組みの中に入ったことでキャリアが形成されるわけでない。その枠組みの中で、何に取り組み、どのような成果を出したかによって、初めてキャリアとなる。これらのことを忘れている人々も少なくないのが日本の転職市場でもある。

　その点、現在の職場ならば、仕事の進め方はわかっており、会社側も個々の従業員もある程度のことは相互に理解している。

いまいる会社がタレントマネジメントに取り組んでいるのであれば、自らキャリアを築こうという意志を持つ従業員にとっては非常に有益だろう。タレントマネジャーや人事部門と話し合いながら、自らのタレントを磨き、さらに活躍できる場を模索することもできるであろう。

社内FA制度に応募する場合も、異動先の部署で、どのように自分のタレントを開発し、育成していけば良いのか。従業員自らが目標を立て、それを実行していく手立てを具体的に練れば、実りの多いものになるだろう。

会社組織も従業員個人も、双方がタレントマネジメントに向き合って初めて、タレントマネジメントは機能していく。

いまでは会社の寿命よりも、従業員が働く寿命のほうが長い。ある会社に就職・転職しても、再び、職場を探さなければならない可能性は十分にある。その時、自分は何をしてきたのか。どんな能力を持ち、どのような実績を築いてきたのか――自分で自分のキャリアを築いていこうとしている人にとって、タレントマネジメントによってもたらされる恩恵は大きいはずだ。

経営層は、挑戦できる文化・風土の醸成を

○いかに経営者はかかわるべきか

タレントマネジメントを会社に浸透させるためには、経営層の参画は欠かせない要件になる。

特に新しいタレントを開発していくために、積極的にアウトプットの場を設けることと、失敗を恐れず挑戦を続ける文化や

風土を社内に醸成していくことは、経営層が取り組まなければ成し遂げられることはない。また、全体最適への意識を社内に浸透させることも、経営層が積極的にかかわって実現する。

タレントマネジメントの取り組みにおける、経営層の役割を以下に整理していく。

○多様な機会を提供して「タレント」を引き出す

いま見えてはいないタレントを発見したり、発掘したりすること。つまり、タレントの「開発」は、タレントマネジメントの本質のひとつである。

経営環境は絶えず変化し、その度に求められるタレントも変わっていく。

いま見えているタレントについては、常にブラッシュアップを続ける。それに加えて新しいタレントを「開発」し続ける。同時に会社の機能としてのタレントマネジメントに関する仕組みや仕掛けそのものも、新しくし続ける必要がある。それができれば、会社は時代の先端を走り、厳しい競合環境を勝ち抜いていけるだろう。

タレントの「開発」に欠かせないのが、機会提供である。部署間の異動をはじめ、部署内の配置替え・担当替え・役割の交代・プロジェクトへの参画・研修やQCサークルへの参加等、あらゆる新しい機会を従業員に提供していかなければならない。

3M社の「15％カルチャー」や「ブートレッギング」、HP（ヒューレット・パッカード、Hewlett-Packard Company）の「10％ルール」、Googleの「20％ルール」等については何度か触れて

図表2-12　タレントを開発する取り組み例

```
タレントを開発する取り組みの具体事例

 アウトプットの場を設ける

 ・20％ルール      実施企業（例）：Google　3M
 ・ジギョつく       実施企業（例）：サイバーエージェント

 失敗を許容する

 ・撤退基準の明確化  実施企業（例）：トリンプ・インターナショナル・ジャパン
 ・大失敗賞        実施企業（例）：太陽パーツ
```

タレント開発のために新しい機会を提供したり、失敗を許容する風土を醸成することは、経営層が取り組むべき役割である。

きた。いずれの施策も会社の文化や風土に大きく影響する。また、挑戦する文化、風土があるから、このような施策が生まれてきたとも言える。これらは経営層が率先して取り組んで、初めて実現する制度と言っても過言ではない（図表2 - 12）。

○失敗を許容する風土を醸成

　機会提供と共に、新しいタレントを開発する上で欠かせない要件が、失敗を許容する組織風土の醸成である。

　3M社では、従業員に向けた「15％カルチャー」という不文律で自由に使える時間をつくった。一方、上司にも、いったんプロジェクトが動き出せば、絶対に口を出さないという不文律があるという。

　新しいことに挑戦するならば、失敗はつきまとう。だが、果敢な挑戦の上での失敗が、ルーチン化された仕事のミスと同じ

ように咎められるのであれば、誰も挑戦する意欲を失ってしまう。そして、新しいタレントが開発されることも、また発掘されることもない。

　失敗を許容する風土もまた、言うまでもなく会社をあげての取り組みであり、経営層が実現させる取り組みである。

　リスクをとらなければ新しいことは実現しない。また新しいタレントを開発することも不可能と言っても過言ではないだろう。挑戦して失敗することを、会社全体で意識的に評価していかなければならない。

　前述した太陽パーツ社の「大失敗賞」は、単なる制度ではなく、挑戦する気概を養う会社をあげての取り組みである。

○多様性を受け入れられる環境作りを

　タレントマネジメントに取り組んでいけば、それまで現れていなかった、また見えていなかった従業員のタレントが見えてくる。ただ、それらの中には、将来は大いに役立つはずのものであっても、いま目の前の仕事に直接、役に立つものではない場合もある。そのため「そのようなものは不要」という目で見る人たちが現れれば、タレントマネジメントは失敗に終わってしまう可能性が高い。誰も自分のタレントの開発に興味を示さなくなるだろう。

　会社には、次々と明らかにされていく新しいタレントを受け入れる姿勢が必要になる。つまり、多様性を受け入れる環境がなければならないのである。

　多様性の受け入れと言えば、欧米でいうダイバーシティ・マ

ネジメントのことを思い浮かべる読者も多いだろう。

　日本では女性の登用であったり、障がい者の雇用であったり、イメージが限られ、差別を是正するという程度の意味で語られている。だが、本来のダイバーシティ・マネジメントとは、性別や障がいの有無はもちろん、国籍や人種、年齢等の違いをむしろ積極的に受け入れ、それによって全く新しい価値を創造しようという経営の概念である。

　多様性は、イノベーションを生み出す素地である。

　ひとつの目的にひたすら突き進むのであれば、同質の人間が同じ方向へ向かって全力で走れば良い。だが、現在、それでは勝ち残ることはできない。他社といかに差別化できるかが、どの会社にとっても大きな課題になっている。

　しかし、これまで同質競争に駆り立てていた従業員に向かって、「イノベーションを」「もっと新しい発想を」と叫んでも何も出てこないだろう。これまでにはない刺激や環境、また情報にふれてこそ、従来とは全く別の考え方をし始める。

　イノベーションとは、それまでにはなかった新しい刺激や、全く違う価値観、異質の人間同士がぶつかることで生まれる。タレントマネジメントを通して、絶えず新しくタレントを開発することもイノベーションを生み出す取り組みのひとつと言えるであろう。

　あるIT企業では、プログラミングで特別な能力を持つ人材を集め、社長直轄の組織をつくった。その結果、これまでのプロジェクトではあり得なかった新しいイノベーションが生まれ、更なる飛躍を手にすることができた。

集められたのは、プログラマーとしては天才肌だが、実はそれまでは冷遇されていた人材である。彼ら彼女らは人との付き合いは好まず、昼も夜もひたすら端末に向かう。与えられた仕事には消極的で、自らの興味や関心で仕事を進める。極めて高い能力があることは誰もが認めるが、取引先のプロジェクト等では、非常に使いにくい人材でしかなかった。だが、あえて特別の組織として処遇したことが功を奏した。認められたことで、無関心だった会社にも関心を持つようになり、会社と同じ方向を向いて、自分の力を発揮し始めたのである。

　これは極端な実例ではあるが、他の面では平均以下であっても、ある領域では抜群の力を発揮する人材はどこの会社にもいるのではないだろうか。あるひとつの基準だけで冷遇する姿勢を改め、適切な処遇をすることで、本来の力や潜在能力を引き出すことができる。

　女性や障がい者、外国人の雇用においても同様だろう。障がい者の雇用は、政府の政策もありずいぶん進んできたが、実態は一時的な雇用であったり、いつまでも時間給の従業員であったり、正社員とはほど遠い雇用形態がまだまだ多い。

　きちんと評価し、昇給等が可能になるよう就業規則や賃金体系を定めること。ある人だけが不利にならないよう諸制度を整えること。現実にその人たちの能力を発揮できる仕事を割り当てること。そして、会社の隅々にまで多様な人たちを受け入れる価値観を浸透させること——ここまで具体化して、初めて多様性を受け入れる環境は整う。多様性のある会社組織作りはタレントマネジメントに取り組む前提でもあり、経営層が行うべ

きことであろう。

○全体最適を図る管理職を評価する

　部署の管理職を兼任するタレントマネジャーにとって、自部署の業績をあげることは優先的な課題であろう。しかし、これはタレントマネジメントにおける中長期的な目線から見ると部分最適になる場合がある。つまり、伸びしろのある人材を自部署で抱え込んでしまうことにつながる可能性がある。

　だが、その中であえて全体最適を実現するために、自部署の人材を外へ送り出させるためには、そのこと自体を評価する仕組みをつくり、浸透させなければならない。

　これもまた経営層が取り組む意志を示して、初めて会社組織に浸透するだろう。

　人材を自部署の外へ送り出すことで、タレントの開発に貢献した、また貢献しようとするタレントマネジャーを評価する制度を採り入れる。部下である従業員のタレントを育成したり、開発したりすることをタレントマネジャーの役割として評価する。

　また、あるタレントマネジャーのもとから異動していった人材が、その後、どの程度タレントを伸ばすことができたのか。具体的にどういったポジションに就き活躍しているのか、数年間を振り返って確認する必要もあるだろう。そうすれば長期的に育てたタレントと共に、育てたタレントマネジャーを正確に把握し、評価することができるであろう。

　会社には、少なからず、「人望がある」「面倒見が良い」とい

った評判をされる人がいる。だが、そのような人たちは、これまで漠然と評価されていただけだったのではないだろうか。かつて、A部長の部下となった従業員の中で、いま何人が社に在籍していて、その従業員がどの程度の活躍(役職者になっている人数や現在の評価等)をしているのかを管理でき、A部長の評価基準としてルール化できている会社は少ない。単に「人望がある」「面倒見が良い」だけでなく、本質的にそれらの取り組みがどの程度会社に貢献しているのかを評価していく必要があるであろう。

　仕事柄、多くの会社の人事部門の担当者に会うが、どの担当者も口を揃えて、優秀な管理職ほど部下を外へ出していると語っている。人事部門の担当者は、部下を外へ出す効果がどれほどのものなのかを経験的、感覚的には気づいている。タレントマネジメントによって、それがなおさらいっそう確かめられるだろう。

Chapter-3

真の競争力と
エンゲージメントのある
組織へ

1.

個を活かして飛躍する企業

 タレントマネジメントをすでに自社の人材マネジメントの中に採り入れ、個人のタレントを活かそうとしている企業がある。
 その企業では、タレントマネジメントを推進していく以前に、そもそもどのような問題や課題を抱えていたのか、またタレントマネジメントをどのように位置づけ、問題や課題を克服し、解決を図っていったのか。タレントマネジメントを推進することによって会社組織を変革させていった事例を見ていくことにする。

幅広い人材から新規プロジェクトの立ち上げを
── A社の事例

○いかにアサイン対象の従業員を拡大するか
◇新規プロジェクトを生み続ける力を維持するために
 どんな会社においても、アイディアが豊富に生まれ、新しい商品やサービス、事業がどんどん立ち上がっていくような新規プロジェクトが生み出される風土は、他社と差別化していく意味でも、重要で欠かせないものであろう。

もちろん業種によっては、何年、時には何十年も変わらない息の長い商品やサービス、また事業を続けているところもあるかもしれない。しかし、寿命の長い商品やサービス、事業であってもいつかは手を入れ直す必要が出てくる。つまり、手を入れなければ商品・サービス、また事業や会社は衰退していくしかない。

〈事象〉選ばれるメンバーはいつも同じ顔ぶれ

　A社は、各クライアント企業から依頼を受けてWebを活用した新規プロジェクトの立ち上げのコンサルティングを主業務としていた。そのため社内には新しいプロジェクトが絶えず生まれ、いくつものプロジェクトが同時進行していた。

　Webの先端技術を採り入れながら行う仕事は難しいが、従事しているものにとっては、忙しくとも魅力的でやりがいがある。

　しかし、だからといって会社全体が活気づいていたかというとそうではなかった。新規プロジェクトの初期メンバーに選出される従業員はいつも限られていたからである。

　Webを用いた事業の展開には、多くの未開拓の部分が残されており、どの業界の企業もWebを用いた新規プロジェクトの立ち上げに強い関心を抱いている。A社のクライアント企業もまた一刻も早く新規プロジェクトを立ち上げたいというニーズが高く、A社の仕事にはスピードが求められ、一方、A社の周りには競合する会社がひしめいていた。

　余裕があれば、発想の斬新な若い従業員や、まだ実績のない従業員をプロジェクトに参加させ、積極的に発言させたり、未

知の仕事に就かせたりすることもできたであろう。そして、それらは従業員にとって新しい経験を積めるまたとない機会となり、会社にとっても思いがけない人材を発掘できるチャンスになったはずだ。メンバーひとりひとりにとっても、会社にとっても得られるものは大きい。

だが、クライアント相手の仕事である以上、新規プロジェクトを最短の時間と手間で立ち上げ、しかも、着実に軌道に乗せなければならない。そのような事情から、新規プロジェクトは過去に実績をあげてきた従業員に任せることになりがちだった。この会社で働く従業員は200名ほどにのぼっていたが、新規プロジェクトの立ち上げに携わるのはいつも決まった14〜15名のメンバーに限られ、残りの従業員は、自ずと立ち上げ後の運用の仕事に携わることが多かったのである。

〈課題〉誰にでもチャンスを

確かにA社は、その方法で多くの新規プロジェクトを成功に導いていたのだが、社内に目を移せば、メンバーに選ばれない従業員は失望したり、自らの成長を志向しなくなったりしがちであった。選ばれないのが数度だけならば、次回のプロジェクトへの参画を期待できたかもしれない。しかし、同じことが度重なると、新規プロジェクトの立ち上げに携わる従業員と、その後の運用にかかわる従業員の立場は、まるで勝ち組と負け組のようにくっきりと分かれ始め、社内に閉塞感が漂うようになった。

新規プロジェクトは自分たちには関係がない。"いつもの仕事"

を淡々とこなしていれば良い。失望や停滞感はあきらめに変わり、無関心までも呼び起こしていた。そして、新規プロジェクトにアサインされない従業員の中でも優秀な人材は、現実に離職し始めていた。彼ら彼女らにとっては、会社への期待が外れ、さらに裏切られたように感じていたのかもしれない。他に活路を求めても仕方ない状況だった。

経営層がこの問題を見逃していたわけではない。むしろ深刻な問題だと認識していた。新規プロジェクトはこれからもどんどん生まれてくる。これからは一部の従業員だけで取り組むわけにはいかない。できるだけ多くの従業員に経験を積んで欲しかったのだが、新規プロジェクトの立ち上げのノウハウは属人化してしまい、会社としての組織力の強化や底上げにはつながっていなかった。

そこでA社では、タレントマネジメントに取り組むことにした。目的は、新規プロジェクトにアサインできる従業員を増やすこと。そして、そのために必要なタレントを明らかにすることであった。

〈設計〉新規プロジェクト立ち上げ時に絞り込んでタレントを定義

実際の業務では、新規プロジェクトにアサインする従業員が限られたことがデメリットだったが、タレントの定義においてはそれがかえって役立つことになった。すでにアサインされ続けている従業員のタレントを抽出してひとつひとつ明確にしていけば、求められるタレントは明らかになるからである。そし

て、新規プロジェクト立ち上げを成功に導くタレントを探っていくと、Webやインターネットに関する知識や経験ばかりでなく、マーケティングについての知識や経験、事業を運営するための経営的な知識や経験が不可欠なことがわかってきた。

社内には、実績はなくとも意欲のある従業員や優秀な若手従業員がおり、豊富な経験を持つベテラン従業員もいた。インターネットでの検索順位を上げたり、Web広告の効果を測定したりする等、インターネットの限定された課題に対する知識や経験を持つ従業員も数多くいた。新規プロジェクトを成功させるには、いずれのタレントも得難いものだったが、何よりも必要だったのは、事業の可能性を探るマーケティングの知識だったり、ひとつひとつのWebの技術を事業の側面から総合的にマネジメントしたり、ディレクションしたりするスキルだった。そこでA社では、これらのタレントを定義していったのである。

〈活用〉多くの従業員にアサインを

従業員は、定義されたタレントをどれほど持っているのか。A社ではそれをひとりひとりについて確認すると共に、教育や研修の場を設けて、不足するタレントについて強化できるようにした。

一方、新規プロジェクトの立ち上げ時には、多くの新しいメンバーを加えるようにした。一部の従業員に偏らないアサインを実施し、全従業員に対して同じ条件で候補者を抽出するようにした。

もちろん、この時点で新しいメンバーが必要なタレントを全

て備えているわけではない。だが、求められるタレントは明らかになっている。

このタレントの可視化は、取り組みの中での大きな効果をあげることになった。求められるタレントが可視化されていることでプロジェクトリーダーはタレントマネジャーとして、プロジェクトの進行と共にメンバー各人の不足しているタレントと、その育成状況を把握できた。求められる必要なタレントと、従業員が現在持っている現実のタレントとの差分を把握し、それを本人にも社内にも共有していった。

誰がいつまでにどのようなタレントを育成しなければならないのかがわかってくると、ひとりひとりの従業員の誰もが自分のタレント育成に関心を持つようになっていった。新規プロジェクトの立ち上げを他人ごとのように考える雰囲気は自然と消えていったのである。

〈運用〉タレントを一般化、さらにチャンスの幅を

ひとつひとつのタレントについて、誰がどの程度、伸ばしているのか。従業員個々のタレント情報は、プロジェクトや日常の業務の中で更新されていく。また、タレントマネジメントを意識するようになったことで、仕事の現場では先輩たちが盛んに助言を行い、経験の浅い従業員にとっては自分のタレントを伸ばす大きなきっかけにもなっていったのである。

過去の職務経験が、タレントマネジメントによって的確に把握されるようになり、新規プロジェクトへアサインされれば、それがまたひとつのタレントとして記録されるようになった。

また、人事部門では、従業員個々のタレントの育成情報にもとづいて、その後もスキルや経験等の差分を埋めるための教育や研修を企画した。タレントに注目するようになったことで、新規プロジェクトの立ち上げに必要なタレント育成を体系化することができるようになったのである。

　従業員たちのタレント情報は、上級管理職以上に開示され、共有化されていった。自分の部署の人材が、他部署で力を発揮できるのではないか。逆に、違う部署の人材が、自部署で活躍できるのではないか。管理職たちは、そのような目で人材を見るようにもなった。ひとりひとりの従業員の持つタレントを全社にとって存分に発揮できるような風土が、徐々に全社的に築かれていったのである。

〈開発〉新たなタレントを求めて機会の創出を

　従業員のタレント情報が、プロジェクトや日常の業務の進行と共に更新されていけば、当初、設計段階では定義されなかった、もっと別のタレントが必要ということがわかってくる。開発すべきタレントである。人事部門では、定期的にタレントの追加と削除等のメンテナンスを進め、必要なタレントを最新の状態に保つようにした。それはタレントマネジメントの取り組みそのものをブラッシュアップすることにほかならなかった。

　A社では、タレントを意識した異動や配属、出向等も実施するようにした。新しい機会を提供して、新たなタレントを開発する取り組みの一環でもある。

〈効果〉人材育成にも中長期的な視点が

　A社では、当初の目的通り、新規プロジェクトの立ち上げにこれまでよりも多くの従業員が携わるようになった。新規プロジェクトにアサイン対象となる従業員を拡大できたことは、タレントマネジメントを推進した最も大きな効果である。多くの従業員にとっては、新規プロジェクトにアサインされること自体が新規の機会創出であり、タレントの開発を促すことになった。もちろん、新規プロジェクトへのアサインは、タレント育成を考慮するだけではなく、日常の評価や会社に対する貢献心の有無も加味されて行われている。

　A社は、今回の取り組みによって必要なタレントを明確にすることができ、従業員が現在持っているタレントとの差、つまり、育成すべきタレントを明らかにすることができた。各従業員の育成すべきタレントのための教育・研修等の機会提供を形にすることができ、中長期的な人材育成のビジョンも立てることができるようになった。会社にとっての戦略的人材育成が実現しつつあると言えるであろう。

　職務経験をタレントとして可視化して管理することが定着したことで、誰もが自分の職務経験に関心を持つようになったことも成果のひとつと言える。

　誰もが自分のタレントの育成を意識し、明確な目標を持つことができるようになった。会社への失望や閉塞感は消え、優秀な人材が離職することは少なくなった。逆に期待感が高まり、社内にまだまだ眠っている優秀な人材を発掘しようという空気が流れ始めている。会社は活気を取り戻しつつある。

異動にタレントマネジメントで合理性を
―― B社の事例

○マンネリ人事の打破からキャリアプランニングの実践まで
◇会社全社としての組織力

　各地域に店舗を展開する企業にとっては、いかに地域密着を実現するかが成功のカギのひとつになる。人材面においては、特定の地域に強い従業員が登用され、多くの権限を委譲されて、強い発言権を持つケースも少なくない。だが、店舗展開が進み、本部で全国的な視野で戦略を練って進めようとした時、地域でものごとが完結し過ぎていることがかえって足かせになることがある。

〈事象〉一部の人間に握られていた異動や配置

　B社における人事異動は、実績のある店長に新店や不振店を任せる等、人材育成の観点から見ると、極めて短期的、対処療法的な視点でしか行われていなかった。また、地域密着の方針でこれまで取り組んできたことから、異動の範囲はせいぜい県内程度に限られていた。

　さらに、これらの異動や配置の決定が、社長をはじめ、ごく一部の役員の手に委ねられていた。B社はM＆Aにより、いまでは全国で1000名をゆうに超える従業員が働いている。しかし、B社での異動や配置は、数年前までのまだB社が小規模だったころの習慣のままだった。異動は、過去の人事上の記録をもとに検討されるわけでなく、もっぱら社長や役員たちの記憶や感

覚によって行われてきていたのである。

　一部の従業員については、社長や役員が自ら働きかけて異動させていたが、残りの多くの従業員の異動はおざなりで場当たり的なものだった。また、店舗の中で正社員であるのは店長と副店長のみで、後は地域採用の契約社員だった。そのため、どうしても「指示する側」と「される側」に立場が分かれがちだった。仕事への意欲や自己を成長させようという意識にはなかなか至らなかったのである。

〈発生していた問題や課題〉
仕事はマンネリ、社内には沈滞ムードが

　店舗の再建を期待されて異動する店長等の人材にとっても、決して良いことばかりではなかった。異動当初はやる気を持って取り組み、実績をあげるものの、2度3度と、同じような異動が続けば、同じ仕事の繰り返しになりマンネリになってしまう。当人にも自分が便利屋としか扱われていない感覚が芽生えてくる。そのため、初めのような業績をあげられず、社内では、キャリアを不安視して離職する者も現れ始めていた。

〈設計〉個人のキャリアビジョンとルールによる異動を実現

　B社において異動を、対処療法的なものや場当たり的なものにするのではなく、業績をあげるという実効性を伴いつつ、さらに人材を育成するという計画性を兼ね備えたものにする必要があった。そこで、異動や配置が社長をはじめひと握りの人間に委ねられていた実態を見直すことに取り組んだ。

異動は、社長や役員の感覚によるものではなく、従業員のこれまでの情報やルールにもとづいたものにする。そのため、各店舗での在任期間に上限を設ける等、社内での人事異動の基準を整備した。
　社員や契約社員の違いに関係なく、ひとりひとりの従業員には、「自分のキャリア」を意識してもらうことが必要だった。しかし、会社として異動や配置にルールを設けて個々のキャリアを意識して運用したとしても、従業員ひとりひとりにキャリアを志向する考えがなければ、やらされ感がなくなることはない。そこで、業績によって契約社員から正社員へと登用する道筋をつくった。契約社員であっても、言われた仕事だけをしていれば良いわけではなく、計画的に自分のタレントを育成していけば、将来は正社員になり、副店長や店長にも、あるいは地域を統括するエリアマネジャーにもなることができる。そのような人事制度を構築した。
　同時に導入したのがキャリアデベロップメントプランである。これも正社員と契約社員の区別なく、いま現在はどのような仕事をしているのか、将来はどのような仕事に就きたいのか、それを実現するためにはこれからどのような知識や経験を得なければならないのか。これらについて、店長がタレントマネジャーとして各従業員と話し合う時間を設け、その情報を人事部で一元管理するようにしたのである。
　キャリア教育も行う必要もあった。店舗の経営ノウハウや競合の状況等、誰もが店長候補として店舗を運営していくための知識を持てる機会をつくった。これは、"店長への道"を意識

してもらうことに非常に役立つこととなった。

〈活用〉異動先のスタートアップ支援を実施

　ある部署で一定期間、仕事に就いていた従業員に対しては、新しく定めたルールにもとづいて異動が実施されるようになった。それは機械的なものではなく、管理職であるタレントマネジャーと人事部門、そして従業員個々との話し合いを前提に決定するようになったことは言うまでもない。

　各店舗でバラバラだったオペレーションの統一も進めた。ある店舗でせっかく仕事を覚えても、他の店舗に異動になった時、店舗のオペレーションがバラバラだと再びゼロから仕事を覚えなければならない。各店でのオペレーションを統一すればそのような事態が解消され、キャリアに連続性と継続性が生まれる。それは仕事を積み重ね、さらに発展させようという意欲につながった。

　異動先では、タレントの育成状況や本人のキャリアプランの情報を共有しながら、OJTをはじめ教育の計画を立てた。特に、B社では異動者に対するメンター制度を採り入れてワントゥワンマネジメントの体制を敷いたことが特徴的と言えるであろう。

　異動先での仕事をスムーズに始められるよう、スタートアップの支援体制が整えられ、業務を滞りなく進めるためのルールが整備された。これにより、異動した直後から仕事をひとつひとつ覚えられる体制ができた。かつて、場当たり的な異動では、迎える部署でも準備がなく、スタートにまごつくことが多かったが、いまは計画的な異動により、各店舗でのストレスも大幅

に減っている。その後も、ひとりひとりの従業員のキャリアを意識しながらOJTを実施したり、教育の時間を特別に設けたり、人事部門とタレントマネジャー、そして本人との共通認識のもとに、必要なタレントの育成を図っていった。

　従業員個人にとっては自分のキャリアプランに沿ったタレントの育成が、一方、会社組織にとっては各部署の実務に役立つタレントの育成が可能になったのである。

〈運用〉タレントやキャリアプランのブラッシュアップを

　異動の履歴そのものもひとつのタレントとして記録され、人事部門で管理されるようになった。また、仕事の現場では管理職であるタレントマネジャーと各従業員とで、定期的なキャリアプランやキャリアビジョンを検討する場が設けられるようになった。

　当初に設定したキャリアプラン、キャリアビジョンのままで良いのか。実際に仕事を進めていけば、当然、修正や変更点が出てくる。当人と話し合いながら、キャリアプランやキャリアビジョンを修正していく。

　そして、従業員個々のタレント情報については、従業員当人にはもちろん知らされ、各部署の管理職──タレントマネジャーに開示され共有されるようになった。

　どの部署でどのようなタレントを持つ人材が働いているのか。彼ら彼女らは将来、どのようなキャリアプランやキャリアビジョンを持って、どのようなタレントを育成しようとしているのか。従業員個々のタレントが誰もが理解できる一定のルールに

よって定義され、明らかにされ、共有されるようになったことで、誰もが将来のビジョンをより鮮明に描けるようになったのである。

〈開発〉異動をタレント開発のきっかけに

　従業員は定期的な異動により、違った業務や他の店舗を経験していくことが可能になった。そのために必要な知識やスキルを身につけ、必要であれば資格も取得する。その時点で洗い出された新たに必要と思われるタレントや追加すべきタレントは人事部門へと伝えられる。人事部門では新たなタレントを定義し、現場へ戻していく。こうして新たなタレントが加わりながら、タレントマネジメントの仕組み自体がメンテナンスされ、常に最新の状態に保たれるようになった。

〈効果〉将来が見えるから異動もより効果的に

　以前のひと握りの人間による直感的な異動は無計画で、異動した本人にとっても異動先で取り組む業務は、近視眼的な業務や単なる対処だけに終始しがちだった。だが、現在、人事異動は計画性と実効性を備えたものに変わり、従業員も直近の業務だけでなく、その業務から何を得るのか、また、中長期的にどのように成長していくのかを考えながら、業務や仕事を発展させられるようになった。

　各部署での受け入れ体制が整備され、メンター制度による1対1の指導（ワントゥワンマネジメント）も加わって、新しく仕事を覚え、新しい環境に馴染むことが以前よりずっとスムーズ

になった。また、異動は従業員個人にとって、自分のキャリアプランを実現するためのひとつの過程と認識されるようになった。

　業務を遂行して成果をあげるという、そもそもの異動の目的と共に、従業員個々のタレントを育成するというもうひとつの目的がはっきりと打ち出され、会社組織にとっても、従業員個人にとっても、迷いや矛盾なく業務に打ち込めるようになったのである。

　従業員個々のタレントに注目する風土が社内に定着すれば、ひとりひとりに違いがあること自体が、会社にとってメリットなのだと認識ができるようになる。その認識がイノベーションの源泉となり、より独自性のある企画、斬新で他社を引き離せる戦略が生まれる土壌作りにつながっていくであろう。

グループで実現した「人材の最適配置」
──C社グループの事例

○ここまで人材は流動化できる
◇グループ間での人材の最適配置を実現するために

　企業が発展することは喜ばしいことだが、発展と共に組織規模が膨らんでいくと、解決しなければならない問題も多くなっていく。仕事を進めるために多くの部門が生まれ、その下にまた別の部署ができる。マーケットの変化に対応したり、効率化を図ったりすることで、組織は統合や分割等の再編を繰り返し、複雑になる一方である。複雑な組織に翻弄されているうちに、

本来、どのような目的で組織をつくったのかさえ見失ってしまう場合も少なくない。

〈事象〉グループ間にほとんどなかった人事上の交流

C社グループの場合も、長年の間に組織は機能別に分かれ、いくつかの子会社が生まれていた。製品分野別のいくつかのメーカーと販売を担当する販社である。

早くから子会社化を進めていたこともあり、それぞれの会社では自立した経営が実現されていたが、逆にグループとしての結束力は薄くなる傾向にあった。各社が自立した経営を求めて独自の取引先を数多く開拓して来た経緯があり、いまではグループ内の会社であっても取引先のひとつという位置づけでしかなかった。

グループ会社としての意識は非常に薄く、グループ会社間の人事上の交流もほとんどなかった。時折、各社間で人事異動を行うこともあるが、会社をまたぐ異動(出向や転籍)そのものがイレギュラーであり、円滑に行える体制は整備されていなかった。

〈発生していた問題や課題〉
一方では人が辞め、一方では採用し

C社における問題提起は全く別の方向からなされた。グループ内の、あるひとつの会社の経営者が、「このままでは後継者を育てることはできない」と言い出したのである。

C社グループでは創業時から創業家による経営が続けられ、

すでに数代を経ていた。問題提起した経営者も、またグループ内の別の会社の経営者も全て親族だった。だが、ひとつのグループ会社の経営者が、「これからグループの存続と発展を望むならば、創業家以外の人材も視野に入れ、経営者として育てていかなければならない」と言い出し、そのためにはグループの垣根をとり、人材を発掘すると共に、グループをまたぐ人材育成が必要と主張した。

　それを現実のものにしようとした時、各社の交流があまりに薄く、制度も交流を前提に整備されていないことに改めて気がついたのである。

　C社グループでは人事に関する諸制度の整備から着手することにした。人事上の制度を整備し、各社間の人事異動を活発にすれば、恩恵にあずかれるのは後継者候補ばかりではない。グループ内で働く従業員はすでに1000人以上の規模になり、優秀な人材も数多く存在する。グループ間の異動により、マネジメント層をはじめ、あらゆる層の育成が可能になるであろう。

　グループ全体で、ひとりひとりの従業員の持つ才能や能力を一元管理できれば、グループ内での人材の最適配置も可能になる。グループをまたいだ人材の流動化を図り、人材を最大限に活用することを目的に、C社グループはタレントマネジメントを推進した。

〈設計〉人事諸制度をグループ全体で整備

　前述の通り、まず、人事関係の諸制度を整備する必要があった。グループ各社でバラバラだった人事制度をお互いに親和性

のあるものにし、異動や配置、出向を行うためのルールや基準を整備していった。各社から人事担当者が定期的に集まり、グループ全体での人事関連のミーティングを開いては、各社の人事上のランクや諸条件等を揃えていった。

　タレントの抽出や定義についても、グループ各社からの人事担当者のミーティングによって進めることにした。初めの設計段階から、グループ各社での従業員のビジネスに必要なスキル、経験、その他諸々の関連する情報をミーティングの場で一堂に集め、取捨選択して定義した。定義したタレントはグループ全体で共有、一元管理するようにした。各社ではタレントマネジメントの要素を採り入れながら人事諸制度全体の整備をさらに進め、従業員のタレントをグループ全体で使えるものにしていった。

〈活用〉子会社間の異動をスムーズに

　グループ全体でタレントを定義した後は、各社に分かれて活用へとコマを進めた。普段の仕事での活用を進めるだけでなく、まず、社内での人材の交流、つまり、異動や配置を意識して行うようにした。さらに、グループ会社間での異動や出向も同様にそれまで以上に積極的に行うようにした。

　子会社間で異動する候補者は、あらかじめ、グループ各社の人事担当者によるミーティングで抽出するようにした。タレントマネジメントによって候補者のタレントは明らかにされている。異動する理由やその後の育成についてもこのミーティングの場でコンセンサスがとられ、異動元、異動先、どちらの会社

の担当者にとっても納得のいくものにした。従業員のタレント情報と共に、各社の求人情報も開示するようにした。

〈運用〉グループ全体でのタレント育成が実現

　従業員は、目的に沿ったタレントを育成できているのだろうか。定義された人材のタレントを活用し、運用し、タレントの育成を図っていくことはここでも同じである。だが、C社グループの場合、1社内だけでなくグループ全体で同じように人材のタレント育成を図っていることが大きな特徴である。人事担当者による定期的なミーティングにより、どの会社でも同じようにグループ全体の人材のタレント情報が共有化されていった。

　子会社間の異動はスムーズに行われるようになり、求める人材作りを行うために必要とされる部署への異動が実現されていった。従業員にとっても自分の能力を活かすことができる。各社の求人情報も引き続き開示して共有したことで、ひとつの会社で離職者が現れ、もうひとつの会社で離職者と同じようなタレントの人材を採用するようなすれ違いは少なくなっていったのである。

〈開発〉その後も続けられたグループ内でのタレントの洗い出し

　従業員個人にとっては、子会社間での異動が活発に行われるようになったことが、全く新しい経験をする機会となった。事実、子会社の中だけではわからなかった多様なタレントを発揮する人材が現れ始めた。各社が自社の枠を超えて人事諸制度を整備し、タレントマネジメントに取り組んだことで、グループ

全体での全く新しいスキルや経験——タレントの開発が可能になったのである。

従業員各人の定期的な経験業務や取得資格の洗い出しはその後も続けられた。追加されるタレントのメンテナンスについても、グループ全体による人事担当者の定期ミーティングで継続され、グループ全体で眠っていたタレントの開発はいまも続いている。明らかにされたタレントは、グループ内向けの職務経歴書という誰にでも馴染みのある形に加工され、どの子会社でも人材のタレントを活用することが定着していったのである。

〈効果〉タレント開発もキャリアビジョンも可能性が拡大

C社グループでは、子会社間で活発な異動が行われるようになったことで、グループ全体での人材配置の最適化が実現していった。また、この取り組みを通してグループ各社の人事部門同士が情報交換を行うことで、人事部門の横の連携も強化された。

グループ全体の中から優秀な人材の発掘が可能になったことで、後継者を幅広い候補者の中から探すことができるようになったのである。グループがひとつの組織として機能し始めたのである。

従業員個々にとっては、自分のキャリアパスの幅が広がったことが最大の収穫だろう。これまでよりも広い視野にもとづいて、将来に向けた目標を位置づけることができるようになった。また、タレントマネジメントの推進を通して自分がそれまでに気づいていなかったタレントの開発が実現し、これまで描いて

いたキャリアビジョンをさらに広げることができるようになった。タレントマネジメントを通して、多くの人が自分の将来の選択肢や可能性を広げることができたのである。

グループ各社でタレントを育成し、開発することが日常的に行われることで、グループ内で多様性を認める風土も浸透していった。数多くの会社が課題としてあげつつも、なかなかやり切れない課題「働きがいのある職場」「可能性を感じられる職場」が、C社グループでは実現しつつある。

ひとりひとりの営業経験を全社的に活かす —— X社の事例

「個を活用する企業」の事例として、最後にX社の事例に触れておきたい。これは、私がまだ弊社を設立する以前、人材会社に勤務していた時に私自身が経験したことにもとづいた話である。この時は、タレントマネジメントという言葉はまだなく、私もタレントマネジメントという概念で行動していたわけではない。だが、振り返ってみると、多分にタレントマネジメントの要素を含んだ取り組みだったと確信している。X社の事例は、A社、B社、C社グループ等の"いまの事例"とは異なり、10年以上も前の出来事であるが、欠かせない事例と思われたため、あえてここで取り上げたいと思う。

○ナレッジマネジメントの行き着く先もやはり人

X社で私が所属していた部署で「全社的な"知"の有効活用」

がテーマとなったことがある。そこで始めたのがナレッジマネジメントである。

ナレッジマネジメントとは、個人が持つ知識やノウハウを可視化し、有効活用することで、組織や事業等のマネジメントを効率化する手法である。X社では、従業員ひとりひとりの持つ知識やノウハウを、当人たちが過去に作成した資料等を集めてひとつのデータベースに入れ込み、誰でも検索を可能にする仕組みを構築してナレッジマネジメントを実現しようとした。

当時、人材業はマーケットが急速に伸びており、サービスの多様化も進んでいた。参入する競合も多く、それらに打ち勝っていくための有力な手段として、ナレッジマネジメントに注目した。本来、ナレッジマネジメントは、製造・販売・技術等それぞれの領域を区切って行うが、私たちが主に対象としたのは営業のノウハウだった。

営業に携わる従業員ひとりひとりが作成した提案書を集め、それにキーワードをつけ、電子情報として利用できる形にしてデータベースに納めていった。

経験豊かな営業マンたちがつくってきた提案書類は確かに有用である。同じような業種の同じような会社を攻略するために提案書や見積書、プレゼン資料をつくろうとすれば、そっくり活用できるかもしれない。また、質の高い資料を短時間でつくることもでき、それだけで営業活動を効率的に進めることができると思われた。

だが、当時の競争環境から見て、それだけで競合他社に打ち勝っていけるのかと言えば大いに疑問だった。

競合他社も含め、人材関連の商品やサービスは基本的にはどこも同じようなものだった。これまで経験のなかった業界や企業にまで営業の範囲を広げようとしても、業界の事情に通じていなかったため、いわばカンと度胸で飛び込んで営業するのが常で、提案や活動の内容も一般的な範囲にとどまっていた。

　情報を収集するにしても全てはゼロから行い、うまくいくこともあれば、取引が実現しなかったこともあり、営業活動そのものが場当たり的な活動になっていた。提案がどの業界のものとも変わらず、業界特有の具体的な問題解決までに至らなかったためである。また、たとえ取引が実現したとしても、手の込んだ営業の展開は難しかった。真に何を求めているのかがわからず、逆に相手が求めていないことを押し付けてしまうことも少なくなかった。

　競合他社より一歩抜け出すためには、業界の事情にも通じて特有の問題を把握し、それを解決できる具体的な提案までできなければならなかった。業界特有の商習慣を知り、決定権を持つ人間を把握する必要もあった。過去の提案書やプレゼン資料をいくら集めたところで、そのような情報は得られるはずがなかったのである。

　人材業の急激な成長に合わせて、X社も急成長していた。中途採用者も増え、その中にはこれから攻略しようとしている業界で働いていた人材も数多くいた。また、攻略しようとしている業界で働いたことはなくとも、その業界に向けて商品やサービスを提供してきた経験を持つ人材もいた。

　可視化すべきは、文書や資料ではなく、多様な経験を持つ人

材そのものだった。そこで私たちは、従業員ひとりひとりについて、過去に取り扱ってきた商品やサービスはもちろん、所属してきた会社や業界、そこでの役割、携わってきたプロジェクト等の情報を集め、データベース化を試みることにした。

　営業のターゲットとする業界についての従業員の経験や知識を得ることが主たる目的だったが、情報収集は従業員の持つスキルや経験の情報、特にどの業界に強いのかという情報ばかりでなく、従業員個人の社外活動にも及んだ。

　データベースをつくり上げた後も、その活用を進める必要があった。検索によって必要な情報を探し出せばそれで終わりではない。その情報を持つ人材に直接に会い、話を聞いて初めて役立てることができる。また、自然に誰かがデータベースを使って、別の誰かの知識や経験を利用することを待つのではなく、可視化された従業員のタレントを積極的に活用できるように、部門を超えた従業員同士による相談や意見収集を実施する場をつくっていった。

　私たちが意識したのは、「知の共有」が機械的なものにならず、人対人という血の通ったものにすることだった。

　各人のタレントを明らかにしただけでなく、その情報交換が活発に進むよう活用の場も設けたことで、これまでなかなか表に現れることのなかったひとりひとりの知識や経験を全社のものにすることが可能になったと言えるであろう。

　市場調査等の膨大なデータを前に考え込んでいるよりも、直接、経験豊富な人材に会って話を聞いたほうがずっと有用なアドバイスを得ることができる。その道に長けた人材、専門家で

あるならば、アドバイスにも無駄がなく、適切なものになる。どの情報をどう活かせば良いのか、的確な答えが返ってくる。資料やデータには表れない、業界特有の背景も理解できる。文書や提案資料と人材そのものの経験では雲泥の差があるのである。

〈効果〉営業に戦略性が生まれていった

あらかじめ、業界が抱えている根本的な問題や課題を知ることができるようになり、営業活動では、先方が直接求めるばかりでなく、業界全体が悩まされている問題や課題について解決策を提示できるようになった。すでに取引のある業界の会社であっても、より本質的な問題解決に関係する提案ができるようになった。従業員の経験を活かす営業が実現したことで、ただの物売り的な営業活動から、クライアントの問題や課題を解決するソリューション型の営業活動へと徐々に変わっていくことができたのである。また、その業界を知ることで、自社と競合他社とのポジションを明確にすることができるようになった。どのような製品やサービスを提案するべきか。クライアントへの提案活動がより具体的になり、計画性が生まれた。それは戦略として形作られていった。

このようにX社がナレッジマネジメントに取り組んだ最大の成果とは、「営業活動の高度化」が実現できたことであろう。

その後、X社では間接的な効果も現れ始めた。対象とする業務や業界が定まれば、その経験者を社内から探し出して意見を聞くことが定着していった。経験者のほうでも社内外にネット

ワークを築き、より多くの関係者と面識し、最新の情報を得ようと努めるようになった。わからないこと、知りたいことが発生すると、次々と人を介して専門の知識を持つ人を見つけることができるようになったのである。

　また、営業活動に限らず、社内では間接部門の従業員同士の情報交換も活発になった。当初の目的である「より具体的な営業活動」が可能になっただけでなく、商品開発やサポート等の部門でも、何かを行う度にその経験者から話を聞いたり、下調べを行ったりすることが習慣化されていった。その後、プロジェクトや社内コラボレーションもより活発に行われるようになった。

○ナレッジマネジメントもタレントマネジメントも目指すところは同じ

　私たちは人にダイレクトに結びついている知識や経験——タレントの存在に気づき、それを何とか活用しようと模索したのである。もっとも、当時はタレントマネジメントという概念等はなく、また、X社でもタレントという呼び方をすることはなかった。だが、私たちがやろうとしていたことは、タレントマネジメントの一部であったことは間違いない。

　その後、私はX社を離れ、もうひとつのコンサルティング会社で経験を積んだ後、2006年に起業した。その間、人材のタレントを活かす仕組みについて考え続け、これまで述べてきたような設計・活用・開発というサイクルでタレントを活かし、育成する体系を形作っていった。

X社では単に従業員個々のタレントを抽出、可視化することにとどまったが、いまならばそれを全社的に使える言葉に直し(定義)、現在の仕事の中で活かす方法を考え(活用)、新たに開発すべきタレントを見つける(開発)ところまで仕組みを整えることができるであろう。

　もし、X社でタレントマネジメントが実現できていれば、誰もが営業対象とする業界について、一定の知識を得ることで見識に偏りがなくなり、平準化が実現されるばかりでなく、不足するタレントを明らかにすることができるため、それを研修等で補う機会もつくることができただろう。担当する業務や業界をローテーションすれば、本人にとってキャリアを描くことができたりする機会をつくれる。これまで対象としていなかった新しい業界に対しても、計画的に人材を育成しながら営業活動を展開することができるようになったはずである。

　当時、ナレッジマネジメントが注目されたのは、多くの団塊世代の引退が迫っており、技術継承が問題視されていたことと深い関連がある。

　主にその舞台となったのはメーカー等の製造の現場であった。熟練工と呼ばれる人たちの持つ「暗黙知」を明らかにして、誰もが理解できる「形式知」に転換することが目的だった。「形式知」に転換した後も、その情報を単に体系化して社内で共有化するだけでなく、現場で使えるものにするため、「形式知」を再び実践や体験を伴う「暗黙知」に戻す過程も必要だった。それにより、浸透した「暗黙知」を再び「形式知」に……というサイクルを回すことによって初めて「知識」が共有化される

というのがナレッジマネジメントの考え方だ。ナレッジマネジメントの「暗黙知」や「形式知」の知識は、「人」を介して初めて本当に活かされる。

　一方、初めから「人」に注目して、その知識や経験を可視化、共有化しようというのがタレントマネジメントである。初めから人を出発点にし、その知識や経験を引き出し、活かそうとする。アプローチの道筋こそ違うが、ナレッジマネジメントもタレントマネジメントの一部であると私は考えている。

2.

PDSサイクルを回せ

タレントマネジメントの動力となるふたつのPDSサイクル

○運用のPDSサイクル

　前述のA社の事例では、新規プロジェクトに限られた人材しか参画できなかったことが問題だった。だが、だからと言って単に新規プロジェクトに新しい人材を放り込めば解決する問題ではない。クライアント相手の仕事である以上、プロジェクトに新しい人材を投入し、なおかつ、それを成功させなければならない。新規プロジェクトは常に生まれている。プロジェクトを成功させるためには、属人化していたプロジェクトのためのノウハウを、広く社内に一般化する必要があった。そこで求められたのがタレントマネジメントだった。

　まず、そもそもプロジェクトを成功させるためのタレントとはどのようなものなのか。人事部門は、多くのプロジェクトに参加し、実績をつくってきたベテランたちから必要なタレントを抽出するようにした。その後は、抽出したタレントを誰もがわかる言葉に定義し、社内で共通に使えるものにした。

　仕事の現場では、プロジェクトマネジャーはタレントマネジ

ャーとして、プロジェクトに参加する人材の持つタレントに目を配っていった。タレントマネジメントによって明らかにされたプロジェクトに必要なタレントと、現実に参加者が持つタレントの間にどれだけの差があるのかを見極め、本人と共にタレントの育成計画を立てた。同時に、その情報を人事部門と共有し、人事部門は不足するタレントを育成するための研修等、教育の機会を用意した。

　一部の部署だけの対策や、一度の施策で目的が果たせるわけではない。現場と人事部門で絶えず情報を交換し続け、仕事の現場や研修等でタレントを育成しては、その効果を測って常に人材のタレントの実態をつかみ、それに応じて次の施策をぶつけていく。

　計画を練り（Plan：P）、実行し（Do：D）、その効果を確かめる（See：S）。このサイクルを何度も繰り返すことで、初めてタレントは育成され、新規プロジェクトを進めていける人材が育つのである。

○開発のPDSサイクル

　定義したタレントを育成するために回すサイクルを運用のPDSサイクルと呼ぶならば、タレントマネジメントのPDSサイクルにはもうひとつ、開発のPDSサイクルがある。

　経営環境は絶えず変わっていく。経営環境が変われば、会社の経営戦略が変わり、求められるタレントも変わる。運用のPDSサイクルを回して既存のタレントを育成し、強化し続けることは重要なことだが、経営環境の変化によって、それまで定

義されていなかった新たなタレントを見つけることもタレントマネジメントには欠かせない過程になる。

　開発のPDSサイクルを回すのである。

　X社の背景にあったのが、人材業として次々と新しい業界を営業・開拓していかなければならない経営環境の変化だった。新しい業界での営業活動を成功させるため、社内からその業界に通じた人材を探し出そうという意図で、ひとりひとりの従業員の持つ経験や知識を洗い出す作業を行った。

　だが、一度洗い出しを行っても、営業先として新しい業界へ足を踏み入れ続けるには、必要なタレントを洗い出し続ける必要がある。発見、発掘されたタレントの情報を集約する部門へ送り、その部門では新たなタレントとして定義を行う。

　新しくタレントが開発され、定義された後も、再び現場へと戻し、現実に活用して本当に現実に求められているタレントなのか。タレントの定義そのものを、現実の経営環境に則したものに磨いていく必要がある。それが開発のPDSサイクルである。

　運用のPDSサイクルと、開発のPDSサイクルのふたつのサイクルを、タレントマネジメントのエンジンとして回し続けて、初めてタレントマネジメントは機能し続ける。ふたつのPDSサイクルが、タレントマネジメントを介して回り続ける姿をPDSスクエアと名づけた(図表3－1)。タレントマネジメントに取り組む時は、ふたつのPDSサイクル ── PDSスクエアを念頭に進める必要があると言えるであろう。

図表3-1　PDSスクエアとタレントマネジメント

○現場に権限を委譲して人材マネジメントを実現していく、また人事の仕組みや取り組みを現場に浸透させていくためには、相互のPDS（Plan・Do・See）を関連づける必要がある。
○タレントマネジメントにおいても同様に、人事と現場の関係を密にする必要があり、この関係を効率的・効果的に実現していくためにシステムが有効と言える。

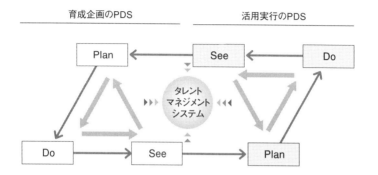

「人事と現場」の両輪を回し続ける

　タレントマネジメントを機能させる動力として、運用のPDSサイクルと、開発のPDSサイクルのふた通りのPDSサイクルがあったように、タレントマネジメントを機能させるための場としても「人事と現場」のふたつがある。「企画と実行」、あるいは、「環境作りと人材作り」と言い換えても良いだろう。

　B社では、社長以下、限られた人間の一存で行われていた異動が問題だった。

　それを解決するために行ったのが、各店舗での在任期間に上限を設けたり、人事異動後も異動先でスムーズに仕事を始められるようにスタートアップ支援の体制をつくったりという人事

上の制度の整備だった。社員、契約社員の違いにかかわらず、業績次第で仕事のチャンスが得られるように制度を整えたこともこれに含まれる。制度作りを通して環境を整えたと言い換えても良いだろう。

　一方で不可欠だったのが、ひとりひとりの従業員が仕事にやりがいを持てるような働きかけだった。タレントマネジメントは、従業員個々のタレントを明らかにし、それをどう育成していくか、従業員のキャリアパスを見える形にし、仕事を通じて、ひとりひとりの従業員が自分のキャリアを自らつくれるように働きかけたのである。

　このようにタレントマネジメントを機能させるためには、人事部門が制度を整え、一方では従業員個人に働きかける、両面からの施策の実施が欠かせない。

　C社グループでグループ間での異動を活発にできたのも、「人事と現場」の両面からの働きかけによるものである。

　まず、異動しても給与や職階等が大きく違わないように、グループ子会社それぞれの人事制度を調整し、お互いに親和性のあるものに変える必要があった。人事への働きかけだ。一方、現場への働きかけとして個人へはキャリアプランを立てることを推奨した。

　両面を同時に進めたことで、従業員にとっては他の子会社への異動という道が開かれ、キャリアパスを大きく広げることができた。どちらか一方だけでは目的を達成することはできない。「人事と現場」「企画と実行」、あるいは、「環境作りと人材作り」の両輪が揃って初めて人の育成が可能になるのである。

会社自身のライフサイクルにも意識を

○各ステージにもとづいた人材マネジメントが必要

　現在の日本の置かれている状況を見れば、もはやどのような会社にとっても、ひとりひとりの従業員のタレントに着目した人材マネジメント、つまり、タレントマネジメントが必要であることは明白である。だが、会社のライフサイクルによって、タレントマネジメントに取り組む目的やタイミングは異なってくる。

　ライフサイクルとしてよく知られているのがプロダクトライフサイクルである。プロダクトライフサイクルとは、製品や商品等の導入から衰退までの流れのことを指す。製品は、導入期・成長期・成熟期・衰退期の4つのステージを経て、その寿命を全うするというものである。

図表3-2　プロダクトライフサイクル

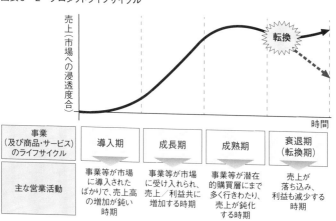

製品を開発して市場に投入した直後から始まるのが導入期である。この時期は、まだ製品の認知はされておらず、売上は徐々にしか伸びない。また、開発費をはじめ、製品の周知のための販促費等、多額の費用をかけなければならないステージのため、利益をあげるまでには至っていない。

　製品の認知が進み、性能や機能が認められていけば、売上は拡大していく。成長期である。開発費や販促費の回収も進み、利益がとれるステージに入る。

　その後も売上は伸びていくが、製品は市場に行き渡り、やがて、全ての人の手に渡る。成熟期である。競合製品も出てきて、売上の伸びは勢いを失い、やがて頭打ちになり、下降し始める。利益は得られるが、その確保のために製造のコストダウン競争も激しくなっていく。

　売上が下降していけば、利益も薄くなる。衰退期である。まだかろうじて利益がとれているために販売は続けられるが、市場には競合品ばかりでなく、全く新しい機能を備えた同類の製品や代替品等も現れる。古い製品の魅力はますます薄れて、売上はさらに落ちていく。利益のとれない水準に入ると、販売を終了する判断が下される。

　プロダクトライフサイクルのステージの変化は、経営戦略に変化をもたらす。そして、それに伴い、人材マネジメントも変化させなければならない。タレントマネジメントに取り組む目的やタイミングは、プロダクトライフサイクルによって異なるのである。

○均一の組織が望ましい導入期と成長期

　製品や商品等にプロダクトライフサイクルがあるのと同様に、会社自体にもライフサイクルが存在する。

　創業したばかりの会社にとっては、まだ規模の小さな事業を大きくすることが最大の関心事になる。新製品の製造や販売、あるいは新しいサービスや事業の展開に力を注ぎ、売上をあげるために全力を尽くす。つまり、社内のリソース──ヒト・モノ・カネ・情報の全てをその商品なり、サービス・事業に一点集中させる。そして、それ以外のことはこのステージにおいてはむしろ排除すべきことと言えるであろう。

　事業の立ち上げに成功すれば、現実に売上があがっていく。状況は日々めまぐるしく変わり、それに応じて仕事にも臨機応変な対応が求められる。だが、この段階で組織が向かう方向は一点であり、向かう道も幅のない線のようなものである。非常に活気に満ちた段階であり、決して判で押したような同じ仕事をしているわけではないが、組織的には同質化せざるを得ない。多様性はこの段階では後回しにせざるを得ないのが現実であろう。

図表3-3　プロダクトライフサイクルと人材マネジメントの関係①

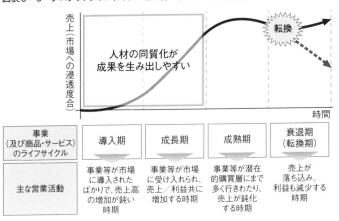

　第1弾の成功に続いて第2弾、第3弾の製品、サービスが投入され、やがて事業全体が軌道に乗っていく。導入期を超え、成長期に入った会社は、能率、効率を求めて業務を定型化していく傾向にある。組織と人材の均一化はますます進んでいく。

　だが、未来永劫、変わりなく売れ続ける製品は存在しないし、同様に、同じ事業を同じやり方で続けられる企業も存在しない。

　急激に発展した創業期 —— 製品に例えるならば導入期 —— を過ぎ、成長期に差し掛かっている会社ならば、このタイミングでぜひタレントマネジメントに取り組んで欲しい。急成長していれば、人事諸制度の整備も追いついていないはずである。成長期の半ばまでに他の人事諸制度の整備と共にタレントマネジメントに取り組めば、以後、中長期的な成長を実現する素地を築けるであろう。

○成長期、衰退期に欠かせない多様性への対応

　同質の組織は、確かに製品や事業の急激な成長を実現させるためには非常に都合が良い。ひとつの無駄もなく、目標に向かって最短距離で全力疾走することができる。だが、会社のライフステージは変わっていく。均一の体質のままでは、会社を存続させるには不都合になってしまう。

　売上は急増する段階を過ぎ、やがてなだらかな曲線を描いて落ち着いていく。成熟期である。業務は効率化され利益は維持されるため、一見、順調のように見えるが、すでに組織の硬直化は始まっている。ひたすら一点集中で力を注いできたために人材は同質化されたままで、業務の効率化自体が目的化して、人材も業務もいっそう型にはまったものになっていく。放ったまま衰退期に入れば、何も手が打てずに座して死を待つしか方法がなくなってしまう場合もある。

図表3－4　プロダクトライフサイクルと人材マネジメントの関係②

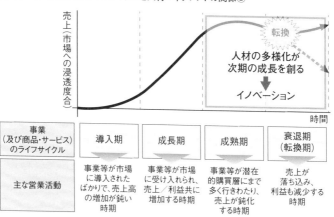

成熟期、衰退期に入ったとしても、少しでも早い段階でタレントマネジメントに取り組み、多様性を受け入れることができれば、次の展開も考えられる。

従業員ひとりひとりのタレントをオープンにして可視化し、それを全社で共有するようにする。自分と自分以外の人がどのようなタレントを持っているかを知り、それを活用する場面を共有していく。その体験がひとりひとりのタレントや個性を認め、多様性を尊重する風土を築く下地になっていくだろう。

タレント情報がオープンにされれば、誰もが、いま社内にいる人材のタレントを用いてどのようなことが実現できるのかを考えることができる。それは再び、次のイノベーションを起こす大きな力になる可能性がある。成熟期、衰退期に入っている会社の中であっても、もう一度事業を創業していく力になるだろう。タレントマネジメントによって、硬直し閉塞化した状態を脱し、会社のライフサイクルを再び創業期へと進めることができると言える。

○会社がいまどのような状態にあるのかに常にチェックする

求められるタレントは会社のライフサイクルがどのステージにあるかによって変わる。製品、事業、そして、会社のライフサイクルを常に意識しつつ、そのステージにふさわしいタレントマネジメントをはじめ、適正な人事関連の諸制度を整備していくべきである。

ここで注意しなければならないのは、商品や製品のライフサイクルと会社そのもののライフサイクルとは決して同一ではな

いという点である。業界全体にもライフサイクルがある。業界全体は頭打ちであり、成熟期、衰退期に入っていると言われているのに、その中でも高成長を遂げている会社がある。逆に、業界自体はまだ新しく大きく伸びているのにもかかわらず、その中にいながら伸び悩む会社もある。

　会社の業績を業界全体の発展や伸張と結びつけて考えがちではあるが、それぞれのライフサイクルを分けて考えなければ、適切な手を打つことはできない。

　マーケット全体が伸びていても、あるいはひとつの良い商品を持っていて売上が伸びていたとしても、会社そのものが成長段階を過ぎて、成熟段階に入っていれば、活性化のための何らかの施策が必要になる。

　従業員の能力が生かし切れていない、適材適所になっていない、人材の新陳代謝がなされていない。言い方はいろいろあるが、人材やその発展においてどこかに問題点を感じているのならば、会社そのもののライフサイクルの段階に応じて、タレントマネジメントをはじめ、会社の状態にフォーカスした人事施策をとるべきであろう。

組織変革の方程式 —— 個人と環境へのアプローチ

　タレントマネジメントは人材マネジメントの概念のうちのひとつであり、人材マネジメントは経営戦略と連動して初めて効果を発揮する。つまりタレントマネジメントも、経営戦略に沿って人事施策全体の設計や導入に取り組んで初めて大きな効果

をあげるのである。

　導入期、成長期の段階にある会社であれば、早い段階から会社のライフサイクルによりステージが変わっていくことを意識して人事諸制度を整えておく必要がある。そうすることで、ステージの変化によって会社に求められている要件が均一化から多様化へと劇的に変化することに対しても、対処できるようになる。

　成熟期、あるいは衰退期に入っている会社も同様である。タレントマネジメントに取り組み、社内に多様性を受け入れる風土を浸透させることは重要である。だが、それには他の人事関連の諸制度も総合的に整備したり改修したりする必要がある。

　ここでは、タレントマネジメントから一歩引いて、タレントマネジメントを包括する、組織活性化のための人事諸制度の導入における基本的な考え方——組織変革の方法を見ていくことにしよう。

○組織活性化施策のフレームワーク（全体像）を知る

　タレントマネジメントはもとより、人材マネジメント施策を効果的に機能させ、組織を活性化していくためにはセオリーがあり、押さえるべきポイントがいくつかある。図表3－5にその全体像を示した。

　組織を活性化させるためには、個人と環境のふたつのポイントを押さえて施策を講じる必要がある。個人はさらにスキルとマインドに、環境は仕組みと取り組みに分けて施策を考える必要がある。

図表3-5　組織活性化施策のフレームワーク

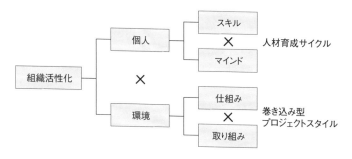

　後述するように、個人への施策の具体策のひとつとして「人材育成サイクル」が、また、環境への施策として「巻き込み型プロジェクトスタイル」がある。

　ここで注意しなければならないのは、各ポイントは相互に関係し合っており、独立して成り立っているわけではないことである。組織の活性化は、組織・人事施策において個人と環境のいずれかひとつが欠けても十分に機能しない。つまり、部分的な強化だけでは効果をあげることができないのである。

＜組織活性化＝個人×環境＞

　「社会心理学者の父」と呼ばれる心理学者のクルト・レビン(1890年〜1947年)は、人間行動の理論を以下のような式で表した。

　$B = f(P, S)$

BはBehavior、人の行動のこと、また、fは関数を表し、PはPersonality——人を、SはSituation——状況を表す。つまり、人の行動とはその人自身と状況の関数であるということである。

　レビンはもう少し広い言い方をしており、「人の内側の何か(P)」と「外側の何か(S)」の両方に起因して「人の行動(B)」は変化していると言い表している。

　「人の内側の何か(P)」とは、動機や欲求、ニーズ等のことを指す。また、「外側の何か(S)」とは、置かれた立場や役割、他の人との関係性等を指している。

　このレビンの概念を用いて、人(P)を個人に、状況(S)を環境に置き換えたのが、組織活性化の方程式である(図表3－6)。組織の活性化は、「従業員個人」と「従業員を取り巻く環境」の掛け算であるというものである。

　レビンはP(Personality)とS(Situation)とはそれぞれ独立したものではなく、相互に作用していると考えた。人(P)は置かれた状況(S)に影響され、状況(S)は人(P)に影響される。個人と環境の関係も同様である。一方は他方と相互的に関連し合っ

図表3－6　組織活性化の方程式

ている。

 組織活性化が、個人と環境の掛け算で表されているように、いずれか一方が活性化していても、もう一方がゼロやゼロに近い値であれば、恒常的な組織活性化は実現しない。

 したがって、組織の活性化を実現するには、個人も環境にも足並みを揃えていずれも同じように活性化させなければならない。組織の活性化のために何らかの人事施策を講じる場合、個人と環境のいずれか一方だけにではなく、両面に対して施策を講じる必要がある。そうでなければ施策は十分に効果を発揮することはなく、講じた施策は定着せず、また組織が活性化することもない。

 すでに個人と環境のいずれか一方が活性化している状態にあると考えている組織もあるだろう。両方に施策を打つ必要はなく、活性化していないもう一方に集中して対策を施せば良さそうに思える。だが、現実はそうではない。

 活性化していない組織では、個人と環境の両方に問題や課題が残されている。つまり、一方がすでに活性化されているように見えていても、個人と環境はお互いに関連し合っているため、もう一方が活性化しなければ、他方もすぐにその影響を受けてしまい、何らかのきっかけで両方とも沈滞してしまうのである。

 たとえ、問題が部分的なものと見えたとしても、個人と環境の両方の状態を一度、精査する必要がある。その上で必要な人材マネジメント施策を打つのである。

 比較的わかりやすい事例で、個人と環境の構造とその関係を見ていくことにする。

○組織が活性化しないマイナスの要因を知る
◇"個人"の力量が十分でない事例
【人事制度の導入】

　例えば経営層と人事部門によって、非常に妥当性の高い人事制度を構築した。従業員自らが、自らの目標とその目標に対する施策を策定して、評価される仕組み（目標管理制度）を持つ制度である。

　会社の目標達成に向けて、さぞかし組織は活性化するかと期待したが、全く効果はなかった。なぜなら従業員側に目標を立てるスキルや、施策を策定するスキルがない場合があるからである。

　制度をつくって環境を整えても、それを使いこなすだけの個人のスキルがなければ、妥当性のある人事制度であっても無用の長物となってしまうのである。

【社内フリーエージェント制度の導入】

　社内フリーエージェント（FA）制度も同様であろう。FA制度とは、一定の条件を満たした従業員が自ら他部署への異動を申し出ることができ、その異動が実現する制度である。従業員の意思が異動に反映させられるので個人もやる気になり、組織にとってもプラスになるはずなのだが、現実にはなかなかうまく運用されていない場合も少なくない。例えば、異動を申し出る従業員側に、自らのキャリアビジョンやキャリアステップが明確になっていない時はうまく機能しない。この場合、実際にある異動の要望とは、現在配属されている組織に対する不満が理

由になっている場合が多い。

　本人のキャリアのために、という制度本来の主旨とはかけ離れた理由で利用されることになる。魅力的なポストが用意されることも少なからずあるのだが、そもそも自らのキャリアビジョンやキャリアステップが明確になっていないことから全く手が挙がらない事態も発生する。

　組織・人事施策は、個人と環境の両方に適切な活性化策がなければ機能不全を起こすため、どちらにも同じように施策を打つ必要がある。

◇"環境"が整備されていない事例
【新入社員研修】
　前述したのは、個人のスキルやマインドが未整備の事例だが、また逆の環境が未整備の場合も組織は活性化しない。

　新入社員研修で、「大きな声で元気に挨拶する」と学ぶとする。研修期間中、新入社員はそれを守り、新入社員の誰もが躊躇なく「大きな声で元気に挨拶する」。

　しかし、職場に配属され、新しい環境で「大きな声で元気に挨拶する」と、職場の上司や先輩社員から冷ややかに、「研修でやるよね、大きな声の挨拶。懐かしいなあ。挨拶はいいからさ、そこに座って待っていて」と言われれば、その後、新入社員は「大きな声で元気に挨拶すること」はなくなってしまう。個人に活性化策を打ったとしても、環境がそれを打ち消してしまうのである。

【ロジカルシンキング研修】

　同じような例には事欠かない。

　例えばロジカルシンキング。問題や課題に対して、文字通りロジカル ── 論理的に理屈を積み上げ、解決を図っていこうという手法である。問題をとらえたり、解決策を打ち出したりする時、漏れがなく、また逆に重複もなく、あらゆるケースを想定しながら論理的にものごとを整理する。ロジカルにものごとを考えることによって、考え方の偏りが是正されたり、誰にとっても説得力を持つ提案ができたりする等、プラスの面は大きい。しかし、これを会社で始めようとするとやっかいなことになる場合もある。

　研修や書籍を通して身につけたロジカルシンキングや同類の問題解決のツールを、実際の職場で試行錯誤して活用したとする。仕事に追われている上司や先輩にとっては、これらの手法が余計なものに映る場合も少なくない。「もうそれはいいから、目の前の仕事をもっとスピード上げてやってよ」。そうひとこと言われれば、先に話した新入社員研修と同様、その従業員は以後、ロジカルシンキング等は使わなくなるであろう。

　有効なツールであり、個人がひとりでいくら組織の中で活用しようとしても、周りの環境がそれを受け入れる姿勢がなければ、やろうとした本人の意思も意欲もしぼんでしまうのである。

　「人の内側の何か(P)」、つまり個人が活性化され、やる気満々で臨んだとしても、「外側の何か(S)」、つまり、環境が全く活性化されていなければ、効果は掛け算、つまりゼロにしかならないのである。

○個人のパフォーマンスを改善するには、スキルとマインドのふたつの目線を

◇個人のパフォーマンスの改善＝スキル×マインド

個人の活性化策をさらに分解して考えていくことにする。

組織活性化の方程式
組織活性化＝個人×環境

この個人の部分のパフォーマンスを改善していくためには、さらにふたつの要因に分けることができる。ひとつがスキル、もうひとつはマインド、このふたつをとらえる目線が必要になる（図表3－7）。

コンピテンシー理論の提唱者であるハーバード大学のD.C.マクレランド教授は、氷山モデルを用いて人間の行動を説明した。人間の行動を定めているのは、見えている部分は氷山のように実はほんの一部であり、見えていない大部分に動かされているという考えである。

見えている部分にあるのがスキルをはじめ、知識や経験であ

図表3－7

る。また、深く隠れている部分として、信念や価値観、正確や特性、仕事への動機、使命感、そしてコンピテンシー —— 行動特性がある。

　この概念に沿って整理すると、スキルとは、世に一般的に言われている技術のことだけではなく、経験や知識等の目に見えるものを指す。また、マインドとは、意欲や意思、行動特性等の目に見えないものを指す。

　隠された部分にはいくつもの要素、概念が階層のように重なっており、用いられる言葉にはその後の研究やコンサルティングの応用場面によって違いがあるが、個人のパフォーマンスを改善するという意味で大きくふたつに整理すると、見えている部分がスキルで、見えていない部分をマインドと整理することができる。

　見えているスキルと、見えていないマインドが、お互いに影響し合っているということは、個人と環境の関係と同様である。

　スキルの習得だけでもマインドの向上だけでも個人のパフォーマンスは改善されない。つまり、ふたつの要素は相互に関係性があり、スキルとマインドの相互を高めることで、個人のパフォーマンス改善が可能になるのである。

　マインドが源泉となり、行動を生み出しスキルが身につく、そしてそのスキルが新たなマインドを引き出し、更なるスキル習得につながっていく。このようなスパイラルをいかにつくるかが恒常的なパフォーマンス改善を実現する。

　個人のパフォーマンス改善を図る際にも、このスキルとマインドの両方の観点から施策を講じる必要がある。研修プログラ

ムでも、スキルとマインドの両方が向上するものが望ましい。疑似体験を通してスキルの習得を促すと共に、気づきを喚起してマインドを醸成する。そのような研修プログラムを設けることで、個人のパフォーマンスは改善されていく。

◇スキルとマインドの醸成には、人材育成のサイクルで
　スキルとマインドに働きかけながら人材の育成を図るには、まず、機会を創出するところから始める必要がある。機会創出はタレントの開発のためにもたびたびこれまで触れてきたことだが、タレントマネジメントに限らず、人事関連の施策全般でも個人の成長に欠かせない要件である。

　機会創出とは、現実の仕事で違う役割を与えたり、違う業務に取り組むようにしたりすることである。また、ある課題を与えたり、あるケースに取り組むようにしたりすることでもある。

　課題が困難であれば、解決は簡単ではない。いくつかの失敗を経ながら、うまくいく方法を探っていくことになる。自ら経験することで、得られるのが"気づき"である。「なるほどこういうわけか」と単に成功する過程を直接体験して納得するというだけでなく、それまで知らなかった自分自身の新しい一面に気づく、あるいは自分の新しい意識に気づくのである。

　新しい経験により、新しいスキルが身につく。同時に、自分自身への気づきが加わり、マインドに大きな刺激を受ける。機会創出、経験、気づきという過程を経て、人材は成長する。

　個人のパフォーマンスは改善され、成長した実感を得られれば、再び新たな仕事に挑戦する意欲が養われるだろう。同じよ

うな仕事ならば、より効率的に、より質の高い仕事を目指し、全く別の仕事へ対してもひるむことなく挑戦していく気持ちも生まれてくるであろう。

それはまた別の新たな機会創出となり、新たな経験、新たな気づきを生み出していく。ここでもサイクルを回すことで、スキルもマインドも向上し続けることができる。しかし、誰しもがこのサイクルを意識して自己成長できるわけではない。場合によっては、管理職者等のマネジメント層が部下や後輩に対して気づきを促し、サイクルを回すサポートが必要である（図表3－8）。

図表3－8　人材育成サイクル

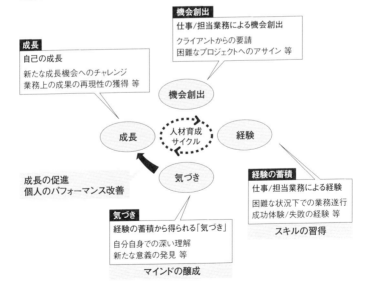

◇環境の整備・改善＝仕組み×取り組み

組織活性化の方程式
組織活性化＝個人×環境

　この環境の部分もやはり仕組みと取り組みに分解することができる。
　仕組みとは、制度や規程に代表されるルールのことである。取り組みとは、規定した制度やルールを現実に運用、利用していくことを指す(図表3－9)。
　例えば、人事制度そのものを構築することは"仕組み"に対する対処・改善となる。人事部門による新人事制度の説明会や管理職に対する評価者トレーニングを開催することは、"取り組み"に対する対処・改善となる。

　仕組みと取り組みについても、いずれか一方だけを改善しても、恒常的に機能する環境作りには至らない。仕組みと取り組みの両輪の整備・改善が必要なことはここでも同じである。

図表3－9

◇個人、環境、どちらへも強く働きかける
　巻き込み型プロジェクトスタイル

　組織へ強く働きかけるひとつの手段が、巻き込み型プロジェクトスタイルである。

　巻き込み型プロジェクトスタイルとは、関連する部署から管理職や組織における影響者を選出し、クロスファンクショナルチームをつくって変革を推進するスタイルである。経営層と密接に連携をとりながら、個人のスキルもマインドも、また、環境である仕組みも取り組みも全てを並行して変革していく（図表3－10）。

　変革チームにはあらかじめ管理職をはじめ、組織における影響者等が加わっているので、環境の整備や改善、つまり仕組みを企画したり検討したりする段階から、取り組みである運用や

図表3－10　巻き込み型のプロジェクトスタイル

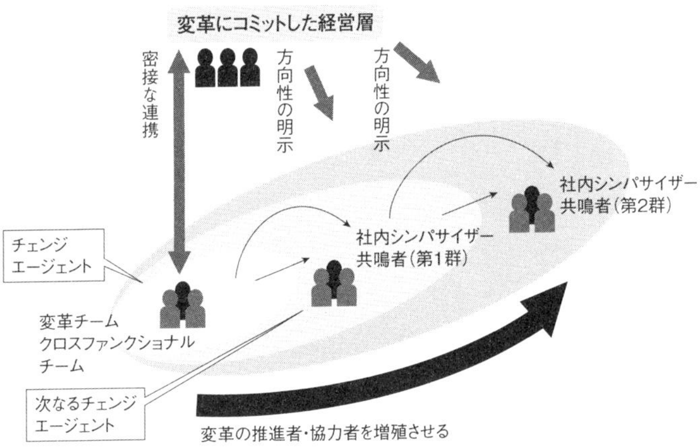

活用を推進することにもつながる。つまり、仕組み作りの段階から、スムーズに取り組むことのできる素地をつくっておくことができるのである。

このスタイルを推進する上で、経営層のコミットは必須である。

変革チームは、会社全体に影響を及ぼしながら、社内に共鳴者を増やしていく。変革を現実に進めると共に、それに対する支持も集める。共鳴者を伴いながら、変革チーム自体が膨らみ前進していくイメージである。その方向性を定めるのは経営層である。経営層と変革チームのふたつが密接に連携し合うことで、会社全体の活性化が実現されていく。

巻き込み型プロジェクトスタイルは、各個人にとっては、新たな機会創出という一面も持つ。管理職や会社における影響者、そして、経営層にとっても巻き込み型のプロジェクトスタイルは、組織活性化に必要な個人と環境の両方に働きかける施策になり得るのである。

人材育成サイクル、巻き込み型プロジェクトスタイルは、個人と環境に働きかける有力な方法であるが、あくまでひとつの手段であることも事実である。組織の風土やライフスタイルのステージの状態により、採るべき進め方は変わってくる。人事上、採り得る施策全体を見渡しながら、その時に求められている進め方を適切に打ち出していくことが、組織活性化に対して最も効果を上げる。どのタイミングでどのような施策を採るべきか。人事部門の役割は大きい。

◇重要な管理職の役割

　これらを現場で推進していく上で、組織の結節点を担う管理職の役割もまた重要になる。

　部下の行動がなかなか改善されなかったり、成長が見られなかったりする場合でも、必ずしも当人に問題があるとは限らない。組織活性化施策のフレームワークに立ち戻り、全体を見渡しながら、個人に問題があるのか、それとも環境を改善すべきなのか。環境に問題があるのであれば、それは仕組みなのか、取り組みに問題があるのか。必要ならば、仕組みや取り組み自体を変えていくこと、また変える必要があることを提唱することも管理職の重要な役割である。

3.

経営と従業員の良好な関係

エンゲージメントの実現を

タレントマネジメントが会社と個人に大きな変化をもたらす

○年功制はなくなる

　タレントマネジメントが会社にもたらす変化は大きい。

　タレントマネジメントが会社に定着すれば、年功序列の考え方は解消されるだろう。なぜなら、人を評価する基準が、年齢ではなく、個々人の持つ「タレント」になるからである。もちろん年数を重ねることで、育成されるタレントは存在する。だが、タレントが育成されるスピードは、人によって異なる。つまり、必ずしもタレントの状態が年齢と比例するわけではない。

　タレントそのもので評価されるようになれば、ひとりひとりの持つタレントの違いを理解しつつ、ひとりひとりの従業員が持つ固有のタレントを育成することが会社に定着するであろう。その時はもう年齢による評価は無用になる。

○過度な成果主義もなくなる

　タレントマネジメントを推進することで、行き過ぎた成果主義も是正されるであろう。

　従来は、やるべき仕事があり、そこから従業員ひとりひとりの役割が決まった。その役割が従業員たちの能力の限界を超えていても見直されることはなく、役割を果たさなければ低い評価にならざるを得なかった。初めに役割があり、それに対して、できた、できないという評価が下され、できない場合には無能のレッテルが貼られる。

　タレントマネジメントに取り組めば、仕事の組み立てが個々人のタレントにもとづいたものになる。仕事の成果もまた、個々人のタレントによるものになる。タレントをもとに仕事を組み立てることで、仕事の進行に無理がなくなる。業績が出ないために、ひたすら従業員の尻を叩くという発想はなくなり、建設的な異動や配置転換が実現し、組織が最適化されていくだろう。

○男性、女性の区別もなくなる

　仕事上の、男性女性の区別も意味がなくなる。これまで男性向け、女性向けとされていた職業の境界は、個々の従業員のタレントに着眼することで意味をなさなくなる。

　ひとりひとりのタレントを明確にすれば、ひとりひとりの違いがはっきりとわかる。タレントに適した仕事に就くことが優先されるべきで、そこに性別はもちろん、年齢や国籍等は入り込む余地がなくなる。また、正社員・パート・アルバイト・派遣社員・契約社員等の雇用区分も意味をなさなくなるであろう。

◯誰にでもタレントがあり、タレントを活かす仕事がある

タレントを持っているのは一部の人材だけではない。従業員全員が、それぞれ独自のタレントを持っている。そこでは正社員・パート・アルバイト・派遣社員・契約社員等・タレントに立場の違いはない。

従業員は、タレントマネジメントによって自分たちのタレントを計画的に育成することができる。選ばれた一部の人だけではなく、誰もが自分のキャリアプランを築くことができる。タレントを明確にすることによって、将来を自分の手で切り開くことができるようになるのである。

◯誰でもキャリアビジョンを持つ必要がある

タレントマネジメントは、従業員個人にとってもキャリアビジョンを描くために非常に有効な取り組みとなるだろう。

会社の平均寿命は30年と言われている。一方、人が働く期間はそれよりも長く、40年以上にはなる。仮にいまの会社がなくなった後も、働き続ける必要がある。たとえ、働く場所が変わったとしても、個人が自分のタレントを磨き続け、いつでも必要とされ続ける存在になる必要があるのである。

求められるタレントは、時代によって変わる。時代が変わっても、その時、どのようなタレントが求められているのか。自分はどのようなタレントを育成すべきなのか。自分の持つタレントを自覚しつつ、同時に、時代の変化に則したタレントを育成しようという姿勢も、従業員側には求められてくる。

○人材の流出を防ぐことにつながる

　会社は、従業員のタレントを活かすことで真の活性化を成し遂げられる。誰もが自分のタレントを知り、それを活かせるような仕事ができれば、会社にとって最大限のパフォーマンスを生むことになるであろう。

　また、従業員ひとりひとりにとっては、自分のタレントが最大限に活かせる会社ならばそこにとどまろうとするだろう。自分のタレントを活かし切り、かつ、自分の成長を助けてくれる会社ならば、長く働き続けようとするだろう。

○失敗を活かすことができるようになる

　一度、ひとつの部署で低い評価を得たからといって、ただちに落伍者の烙印を押されることはなくなるであろう。逆にある部署で成果をあげた人が、本人の意思や希望に反してそこから動けないような事態も少なくなるはずである。

　たとえ、ある従業員がひとつの部署で成果をあげられなくとも、タレントマネジメントに取り組むことで、その人のタレントの育成状況を見ながら、違う部署でタレントを発揮できる可能性を探ることにつながる。

　会社がタレントマネジメントを推進するということは、その人が最もパフォーマンスを発揮できる場所を探すことと同義である。ひとりひとりのタレントを知り、それによって成果のあげられる場所を探すのである。

　タレントの育成は計画的に、将来を見越したものになり、本人にとっても納得のいくものになる可能性が高まる。タレント

を活用したり、育成したりすることは、会社にとってのパフォーマンスの源泉となり、同時に、個人にとってもプラスになる。

会社と従業員は対等な関係を

○会社と従業員をつなぐ接点としてのタレントマネジメント

　タレントを磨くことが、会社にも従業員にも、双方にメリットをもたらすことがおわかりいただけただろうか。タレントマネジメントとは、会社と従業員の双方のパフォーマンスの最大化を実現する接点である、と言っても過言ではない。

　それらを実現するためには、まず何よりも、従業員が会社の経営方針や戦略に賛同できなければならない。目の前の仕事をこなすだけでなく、会社が目指すものを理解し、納得し、賛同する。それは、強制されるものではなく、心から同意できるものでなければならないだろう。

　会社は経営方針や戦略を練り、それを実現するタレントを求める。従業員は自分の現在持つタレントと照らし合わせながら、将来、必要とするタレントを定め、日々研鑽する。

　また、従業員には従業員なりのキャリアビジョンがある。自分がどのように仕事をしてきたのか、これからどのような仕事をしていきたいのか。従業員の考えと、会社の経営方針や戦略とが異なっていれば、つまり、会社の経営方針や戦略で自分のキャリアビジョンを描くことができなければ、会社を離れる決断もあり得るだろう。

　従業員にとって、会社は選ぶ存在である。会社が従業員を採

用したり、配属したりして選んでいるように、従業員にとっても会社は選ぶ対象になっている。そこまでの関係でなければ、本当の意味でタレントが活かされることはないであろう。

　タレントマネジメントに取り組み、それを本当に効果のあるものにしていこうとするのであれば、会社と従業員との関係を見直す必要があることがおわかりいただけるであろう。求められているのは、対等な関係なのである。

○主従関係、ロイヤルティを超えた新しい関係を

　個人で意思決定したり、責任をとったりと個人意識の強い欧米では、以前から自分でキャリアプランを形成する考え方が浸透している。

　だが、日本の社会では、会社が仕える主人であり、従業員はあたかもそれに従属する身分のような関係が長らく続いていたのではないだろうか。会社が「主」であり、従業員はその言葉が示すように「従」、つまり、主従関係である。会社は常に管理する側、そして、従業員は管理される側であった。

　日本では戦後からPM（パーソネル・マネジメント）、HRM（ヒューマン・リソース・マネジメント）、HC（ヒューマン・キャピタル）というように人事に対する考え方が進化し、時代を経るごとに個人が尊重される人材マネジメントに変化してきた。だが、この主従関係を前提とした考え方からはなかなか脱却できていないのではないだろうか。ある専門家は、その理由を江戸時代から続く家を中心にした制度に求めたり、先輩、後輩の縦関係を重視する人間関係の影響をあげたりしている。考察は

いろいろなされているが、主従関係は会社を効率よく運営するにはとても都合がよく、そのため長く存続してきたと思われる。

　会社はどこもピラミッド型のヒエラルキーを形成している。上から下せられる命令を、的確に効率よく遂行するための形態である。

　会社の中は、本部や部という大きな部署、さらにその中には課や係があり、末端に小さなグループが設けられているところも多い。各部署をまとめるための役職として本部長や部長、課長、係長、そして小さなグループのリーダーまで、管理職と呼ばれる人たちが「上から下まで」系統立てて配置されている。そこではもちろん上意下達の命令にしたがって、業務を確実に遂行することが望まれている。

　このような主従関係における会社と従業員との結びつきを表す言葉が、ロイヤルティである。主人である会社に対し、従属する従業員が忠誠を誓い、また、主人のために命を投げ出し、働くことが美徳とされる。これまでの人事関連の施策は、このロイヤルティをいかに高めるかが求められてきた。

　いままでは、軍隊のように命令一下、ただちに動く会社が勝ち残ってきたが、これからはどうであろうか。すでに限界があることに、誰もが気づいていることであろう。

　Chapter-1で触れてきたように、日本の市場環境、労働環境は劇的に変化しつつある。企業活動が国内だけでは済まなくなり、世界の企業と戦わなければならなくなる。過去から続く伝統や習慣、先輩、後輩の年齢による序列にはもはや意味がなくなってきている。PM、HRM、HCと進んできた背景をたどっ

ても、いま現在の会社と従業員の関係、主従関係を超えた、対等な関係を結ばなければならない時代がやってきていることは間違いない。

○迎合でもなくロイヤルティでもなく

　従来の主従関係に慣れた目から見れば ── 特に経営者の立場から見れば、対等な関係とは、従業員に迎合するものと映るかもしれない。

　だが、それは違う。

　対等な関係とは、双方が互いに緊張感を持った関係である。

　個々人にとってみれば、自分のタレントを意識し、磨き続けなければならない。そうしなければ、会社でまた社会で仕事を続けられなくなる。また、仮にいまの会社がなくなった時、会社から離れても生きていくために、タレントを磨き続けなければならない。

　会社も同様である。会社はいつも試されている。

　会社は順調な時ばかりではない。戦後からオイルショック、バブル崩壊、リーマンショック等、大規模な不況に直面して窮地に立った会社は数多い。好況時でも危機は常に隣り合わせにある。その度に従業員を解雇したり、賃金を据え置いたりしなければならなかった。それでも従業員たちが耐えてくれたのにはいくつか理由がある。会社を信じてついていくといった積極的な理由もあれば、やむなく残るといった消極的な理由もあるだろう。転職に抵抗がなくなったとはいえ、欧米に比べれば日本の転職市場はまだまだ未発達である。そのため、この会社に

は見込みがないから、別の会社に移ろうと、すぐに決断することはこれまで少なかったというのが現状と言えるであろう。

　だが、これからは違う。少子高齢化により日本中が慢性的な人手不足に陥る。絶えず人材の取り合いをしているような状態が続く。転職市場はより発達し、労働市場は絶えず変化し続けるであろう。そういう意味でも、会社は選ばれる存在に変わっていくと言える。

　人口は減り、どの業界でも売上は良くて頭打ち、悪ければ減少が続く。その中で、本当に従業員がついてきてくれるのか。賃金やその他の処遇は大切だが、それ以外の魅力はあるのか。従業員をどれだけ支援できるのか。従業員にフォーカスして育成するタレントマネジメントはその魅力のひとつになる。

　過去の不況をくぐり抜けてきた会社を見ると、タレントマネジメントと同じような主旨で人事施策を打ち出している会社が多いことに気づく。これらの施策を打ち出している会社の経営者は、会社が方針や戦略を従業員に一方的に押しつけても決して定着はせず、実現されないことを知っている。また、従業員の言う通りのことをしても、経営が成り立たないことも知っている。

　危機を体験し克服してきた経営者たちは、会社と従業員との関係は、押しつけでもなく、迎合でもない、緊張感のある対等な関係が最も良い状態であることをわかっているのである。

行き着く先がエンゲージメントの高い組織

○これまでの報酬やタイトルのマネジメントは
　効かなくなってきている

　会社と従業員とが対等で、かつ良好な関係をエンゲージメントの高い関係と呼ぶ。

　エンゲージメント(engagement)とは、本来は約束・契約・婚約等を意味する。マーケティングの世界では、商品と顧客との関係、特に顧客がブランドに対して持つ親近感の度合いを表したり、ソーシャルメディアを用いた時の人と人との「つながり」を測ったりする言葉として用いられている。

　経営用語としてエンゲージメントという言葉が盛んに用いられるようになったのはここ10年ほどである。エンゲージメントのある会社では、従業員が「事業活動を通して自己実現につながる」「働きがいを感じられる」「社会に貢献できる」等、会社で働くことで自分の目指す方向の実現と、会社への貢献の両方が実現されていると実感が持て、それが働きがいになる。それがエンゲージメントの高い関係である。この言葉からも想像がつくように、タレントマネジメントは、エンゲージメントの高い会社作りに大いに貢献する。

　会社にとっては、方針や戦略を実現するためのタレントが必要になる。個人にとっては、自らのキャリアビジョンを描くために事業活動を通して自分のタレントを磨きたい。

　両者の間をつなぐのがタレントマネジメントだ。タレントマネジメントに取り組めば、会社が求めるタレントと、個人の目

指すキャリアビジョンを合致させることができ、両者にとってメリットのある接点を探ることができる。エンゲージメントの高い良好な関係を築くことができるのである。

○エンゲージメントを高める上で重要になる
ワントゥワンマネジメント

タレントマネジメントを推進する上で、タレントマネジャーによるワントゥワンマネジメントが重要になることには何度か触れてきた。このワントゥワンマネジメントは、エンゲージメントを高める上でも大きな役割を果たすであろう。

ひとりひとりの従業員が持っているタレントや、将来持ちたいと思っているタレントが違うように、会社に対して何を望んでいるかも従業員ひとりひとりで異なっている。仕事に対する金銭的な報酬は、おそらく多くの人にとって共通に求めているものであろうが、人によっては金銭的な報酬以外に希望のポストに就けたり、能力を開発できる機会を得たり、金銭以外の報いを求める場合がある。

金銭的報酬と非金銭的報酬を総合的に組み立てるトータル・リワードは、いまでは多くの会社で採り入れられている。会社が人材育成の面でワントゥワンマネジメントを行えば、人によって微妙に異なる状況や事柄についても齟齬なく伝え、良好な関係が築けるであろう。ワントゥワンマネジメントは、タレントを育成したり、開発したりするためだけでなく、ひとりひとりの従業員の働きがいがどこにあり、何を求めているのかを個別に知る上でも重要な取り組みになるのである。

そして、会社と従業員は、ワントゥワンマネジメントによって、より密接に結びついていく。

　タレントマネジメントを推進することで、エンゲージメントの高い会社となり、エンゲージメントが高まることで、タレントマネジメントはより効果的に機能し始めるだろう。タレントマネジメントとエンゲージメントを両輪として回し続けることで、会社を活性化させていくことができるのである。

○すでに日本の企業の中にある、エンゲージメントのエッセンス

　人事の世界では、毎年のように海外から新しいテーマが持ち込まれ、あたかも効果のあがる概念のように提唱されてきた。タレントマネジメントやエンゲージメントもそれらと同じような流行りの人事施策のひとつにすぎないのであろうか。

　タレントマネジメントは、PM（パーソネル・マネジメント）、HRM（ヒューマン・リソース・マネジメント）、HC（ヒューマン・キャピタル）と、戦後60年以上の日本の人事の歴史を振り返り、かつ、これから日本が立ち向かわねばならない厳しい経営環境を考え合わせれば、必要不可欠の取り組みになることがわかる。

　また、タレントマネジメントは欧米で考えられているように一部の選ばれた人材だけを対象にするのではなく、特に日本においては従業員全員を対象にすべきであると私は考えている。どんな人材にもタレントはある。正社員・パート・アルバイト・契約社員・派遣社員等々、タレントに立場の違いはない。性別、年齢も無関係である。どのような人材も全員が持つタレントを

活かし切り、育成してこそ、これからの経営は成り立っていく。タレントを活かす会社が勝ち残る会社になれるのである。

　タレントマネジメントは欧米からそのまま輸入してきたような概念にとどめるべきではない。従業員全員を対象にする日本独自の視座も加味するべきであると考えている。

　エンゲージメントという概念についても同様である。会社と従業員が対等で良好な関係と言うとやや理想論に思えるかもしれない。これもまた欧米の考え方をただ持ち込んできたように聞こえるが、実はずっと以前から日本企業にはそのエッセンスを見つけることができる。

　これは、私の会社が実際にコンサルティングにかかわった、大手グループ企業での話である。

　同社の業態は古く、先輩・後輩の縦関係が非常に厳しい。先輩や上司の言うことならば、後輩や部下は何の疑問もためらいもなく従わなければならない風土が強い。一見するとエンゲージメントの関係とは対極にあるようだが、深く知るとエンゲージメントらしきものを見つけることができたのである。

　全国で展開するそのグループには、強力な競合相手がいる。特に現場で働く従業員は、競合会社の従業員とぶつかる場面も少なくなく、しばしばトラブルに発展するケースもある。そのような時、誰よりも先に飛び出し、競合相手に対峙するのが、現場を取り仕切る上司である。それまでは腕組みをして後輩や部下をアゴで使ってきたかのように見える上司が、トラブルの際には一転して部下をしっかりと守る立場に変わるのである。

　これはマンガ「ドラえもん」のジャイアンとのび太との関係

を思い出させる。テレビの中では、のび太を好きなように使い、時にはいじめ、君臨するガキ大将のジャイアンであるが、映画版になると、別世界から現れた強力な敵に立ち向かい、のび太や町内の子どもたちを守る。このような縦関係が良いと言っているわけではない。ましてやいじめを肯定するつもりは全くない。だが、古くからある日本企業の人間関係の中に、実はいま欧米が求めてやまないエンゲージメントのエッセンスがすでに存在していると私は考えている。

　変化は激しく、最新と思えたものがたちまち古くなってしまう昨今だが、古く、時代遅れと思われるものの中に、実は新しく、時代の先端を行く人材マネジメントの要素を時折見つけることができるのである。

Chapter-3 真の競争力とエンゲージメントのある組織へ

あとがき

　本書は、現在の日本の企業に不可欠と思われるタレントマネジメントの考え方を整理したものである。タレントマネジメントへと至った人事の歴史、求められている社会的な背景、タレントマネジメントの実際の進め方、さらに、現実にタレントマネジメントによってもたらされる成果、企業が行き着くべき組織のあり方を論じようと試みた。

　そもそも人事の仕事とは何だろうか。

　人事の仕事とは、企業の経営戦略を実現するために人材を探し、育成し、最適な組織をつくることである。

　だが、それを実現している企業は決して多くはない。

　私はかつて人材関連の企業に勤めていたことがあるが、そこで多くの企業に接する機会を得て、経営戦略と人事のあり方との乖離を感じずにはいられなかった。その後、外資系のコンサルティングファームに移り、企業の人事制度の設計や風土改革のプロジェクトに携わったが、そこでもこの問題の難しさを実感した。

　独立してアクティブ アンド カンパニーを設立したのが2006年1月だが、設立の目的には、この長年の懸案事項である、企業での「経営戦略と人事とを結びつける」ことの実現があった。

　現在、こうしてあらゆる企業で、「経営戦略実現のための人事」のお手伝いをしているが、実現できている企業はごく少数であ

るだけでなく、実現しようと奮闘しているのならばまだしも、「経営戦略実現のための人事」が仕事であると自覚していない人事部門も依然として多い。

　なぜなのだろうか。

　ひとつは人事部門があまりにも忙し過ぎるためだろう。

　人事部門は春の定期採用に加えて、中途採用や退職に関する手続き、教育研修の準備等で年中、仕事に追われている。加えて、いまではセクハラ、パワハラ等、かつては表に出てこなかった問題が発生し、その度に右往左往させられる。

　人事部門が独立していない企業も多い。総務と兼務であったり、経理と一緒の部署であったりするため、毎月の給与計算だけで精一杯で、本来の「経営戦略を実現するための人事」について考える暇さえないのが実態である。

　人事部門の努力がなかなか成果として目に見えにくいことも、「経営戦略実現のための人事」を忘れさせてしまう原因になっている。

　モチベーションに関心が高まった時期がある。すると、どこの企業でも流行に乗り遅れてはいけないと言わんばかりに関連する研修を開催し始める。従業員のモチベーションアップは大切なことだが、マネジメント全般がしっかりしなければ効果はあがらない。だが、多くの人事関係者の関心事は、もっぱら研修を何度開いたのか、何人の従業員が出席したのかにあるようにも見える時がある。

　人事については、過去より、実に多くの概念や理論が展開されてきた。多様な技術論、手法論が提唱され、時折、流行のよ

うにある施策や仕組みがもてはやされて来た。人事部門の担当者はその度に勉強し、細かい手順を研究して非常に詳しくなるのだが、そこに時間と労力を使うあまり、本来の「戦略実現のための人事」からかえって遠ざかってしまっているように思えることもある。

　誰もが会社を良くしたいと思っている。経営者はもちろん従業員たちもである。だが、両者の間には大きなギャップがある。

　経営者は従業員が抱えている目の前の問題をわかっていない。従業員は会社の経営戦略を理解していない。そして、本来、その間に立つべき人事部門は機能を果たせずにいる。その結果、その企業がいくら競合他社を圧倒するような戦略を立てたとしても、その実現を難しくしているのではないだろうか。

　タレントマネジメントは、この難しい問題を解決する糸口になるだろう。

　タレントマネジメントは、従業員ひとりひとりの「個」を活かすのと同時に、「個」と経営戦略とをしっかり結びつける働きをする。

　タレントマネジメントによって従業員ひとりひとりの「個」を活かすことや、「個」と経営戦略とをしっかりと結びつけることができれば、その企業は他社よりも一歩も二歩も抜きん出た存在になることができるだろう。

　タレントマネジメントによって会社は大きく変わるだろう。会社の戦略によって人材を動かす、という従来のあり方だけでなく、「個」をもとに経営戦略をつくるという逆の発想も可能になるだろう。

タレントマネジメントは、人事部門のあり方をも大きく変えるだろう。処理の人事から会社の経営戦略に直結した企画部門へと人事の仕事を大きく飛躍させてくれると私は信じている。

　タレントマネジメントは、これまで多くあった人事関連の技術論や手法論のひとつにとどまらない。人事のあり方が大きく問われているいま、ぜひ本書を手に取り、本来、あるべき人事の真の姿を実現するための手がかりとして使っていただければ幸いである。

　いまほど人事が重要な時期はない、と私は信じている。

　最後になりましたが、本書の出版にあたって力を尽くしてくださった古村龍也さん、山本明文さん、ダイヤモンド社の福島宏之さんに深く感謝いたします。

　また、執筆にあたってはたくさんの方からアドバイスやヒント、着想をいただきました。プライスウォーターハウスクーパース・ディレクターの新田活己さん、インテリジェンスHITO総合研究所・主席研究員の須東朋広さん、KADOKAWA Contents Academy・代表取締役の古賀鉄也さん、ファーストリテイリング・グループ執行役員の宇佐美潤祐さんにこの場を借りてお礼を申し上げたいと思います。どうもありがとうございました。

2015年1月

株式会社 アクティブ アンド カンパニー
代表取締役社長 兼 CEO 大野順也

アクティブ アンド カンパニー

			採用支援 就労支援
			人材調達 求める人材を確保する

領域	悩み・ニーズ	取り組みテーマ例	採用コンサルティング（グループ対応）	診断領域
		フェーズ	母集団形成 / 採用企画	◆組織 ◆個人特性 マネジメント / リーダーシップ
戦略	・理念/ビジョン/戦略が社内外に浸透していない ・理念/ビジョン/戦略が社内外の現状に合っていない ・M&Aや事業開発を効果的に行えない ・事業継承がスムーズに行えない	・自社の強み/らしさの特定 ・自社の認知度の向上 ・注力すべき顧客層の選定 ・事業価値の棚卸し ・人材マネジメント戦略の策定		
制度	・人事制度が戦略的に機能していない ・人事制度に納得性・透明性がない ・人事制度の運用・改修が容易でない	・人事制度の構築及び改修 ・人事制度の定着化 ・評価者スキルの向上		
組織	・組織立った活動ができていない ・セクショナリズムを解消できない ・組織の実態が把握できていない ・戦略に沿って、「採用」「配置」「育成」「活用」「代謝」できていない	・組織の現状把握/分析 ・キャリアパス策定(社内公募/社内FA/キャリアチャレンジ) ・人材ポートフォリオ/適正配置 ・トータルリウォード（金銭的報酬・非金銭的報酬）		
人材	・計画的/体系的な育成ができていない ・高い研修効果が得られていない ・組織を牽引する人材が育っていない ・社員のモチベーションが上がらない	・育成体系の構築 ・社員能力の現状と研鑽・育成履歴の蓄積・把握・活用 ・次世代リーダーの育成 ・多面評価、MBO制度の構築		
業務／IT	・業務の効率化/標準化ができていない ・社員の業務負荷を平準化できていない ・知識・情報等が蓄積・共有できていない ・間接業務のコストが下がらない	・KPI管理によるバリューチェーンの最大化 ・情報管理システムの導入 ・シェアードサービスの推進 ・組織としての営業力強化		
情報管理	・人事の取り組みが情報管理できていない ・従業員情報の一元管理ができていない ・人事情報を活用した取り組みができていない	・タレントマネジメントの実現 ・教育情報の一元管理 ・業績及び評価情報の一元管理		

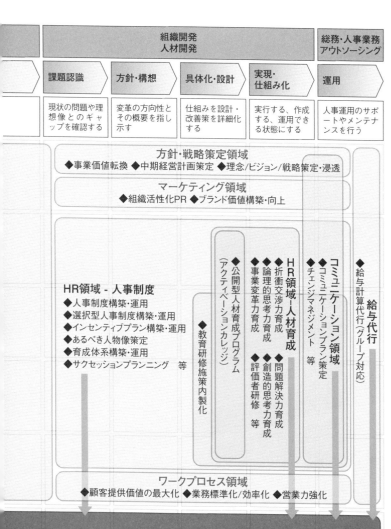

株式会社アクティブ アンド カンパニー
代表取締役社長 兼 CEO

大野順也（おおの じゅんや）

1974年生まれ。大学卒業後、株式会社パソナ（現パソナグループ）に入社。営業を経て、営業推進、営業企画部門を歴任し、同社の関連会社の立ち上げなども手掛ける。後に、トーマツ コンサルティング株式会社（現デロイト トーマツ コンサルティング株式会社）にて、組織・人事戦略コンサルティングに従事し、2006年1月に『株式会社アクティブ アンド カンパニー』を設立し、代表取締役に就任。現在に至る。

タレントマネジメント概論
人と組織を活性化させる人材マネジメント施策

2015年1月22日　第1刷発行

著者	大野順也
発行所	ダイヤモンド社
	〒150-8409　東京都渋谷区神宮前6-12-17
	http://www.diamond.co.jp/
	電話　03-5778-7235（編集）　03-5778-7240（販売）
装丁&本文デザイン	安食正之（北路社）
制作進行	ダイヤモンド・グラフィック社
印刷	八光印刷（本文）・共栄メディア（カバー）
製本	ブックアート
編集担当	福島宏之

©2015 Junya Ohno
ISBN 978-4-478-02726-4

落丁・乱丁本はお手数ですが小社営業局あてにお送りください。
送料小社負担にてお取替えいたします。
但し、古書店で購入されたものについてはお取替えできません。
無断転載・複製を禁ず
Printed in Japan